쇼핑몰
UX

성공과 실패를 가르는 사용자 경험을 찾아라!

쇼핑몰

UX
USER EXPERIENCE

김태영 지음

e 비즈북스

K

포기에는 두 가지 선택이 있다.
꿈을 포기하고 지금 이대로 사는 것과
지금의 나를 포기하고 원하는 꿈을 이루는 것.

희생에도 두 가지 선택이 있다.
이대로 사는 것도 자신에 대한 희생이며
변화하고자 감수하는 것도 자신에 대한 희생이다.

소비자는 일상생활에서 소비를 통해 다양한 경험을 한다. 여기서 경험을 한다는 것은 100가지 소비를 하면 100가지 모두 만족한다는 것이 아니라는 뜻이다. 소비자는 소비 경험을 통해 스트레스를 받는다. 돈을 지불하고 물건을 구매했지만 받기 쉽지 않은 사후 서비스, 클레임의 번거로움 등 때문에 그냥 포기하고 넘어가는 일도 많다. 그래서 소비자들은 인터넷 쇼핑몰에 냉담하며 쉽게 구매하지 않는다. 인터넷 쇼핑몰에서까지 스트레스를 받기 싫은 이유도 있지만 기대한 만큼의 품질과 디자인의 상품이 배송되는 일이 흔치 않기 때문이기도 하다. 상품에 대해 의문을 품으며 다른 구매자의 불만과 불편은 없었는지 평을 살핀다. 해당하는 상품의 정보를 인터넷 검색을 통해 꼼꼼하게 확인하는 스마트족도 많다. 오프라인 매장에서는 매장에서 매장으로 '발품'을 판다면, 온라인에서는 사이트에서 사이트로 '손품'을 판다.

쇼핑몰의 운영 환경도 급변했다. 이전처럼 올리기만 해도 팔리던 소수가 쇼핑몰 운영을 하던 시대는 지났다. 시골의 한적한 공장에서도 쇼핑몰을 직

영할 정도로 경쟁자가 차고 넘친다. 게다가 대기업 쇼핑몰은 하루가 다르게 비주얼이 좋아지고 있으며 대박이 난 개인 쇼핑몰도 자신의 지배력을 한층 강화하고 있다. 물량이나 가격 할인 공세 등 선발주자들은 만만치 않다. 그렇다면 갈 길이 먼 후발주자들은 어떻게 해야 생존할 수 있을까?

쇼핑몰의 시작은 시선이다. 시선을 끌어야 소비자가 몰리고 시선을 받아야 내 쇼핑몰이 소비자의 기억 속에 남아 클릭 한 번이 이루어진다. 즉 시선을 받아야 상품이 판매되는 것이다. 클릭을 유도할 수 있는 콘텐츠로 구성된 쇼핑몰 디자인으로 시작해야 한다. 호기심을 불러일으키는 상품의 카피 문구도 생각해야 하고 다른 쇼핑몰에서는 보지 못하는 상품촬영의 각도도 알아야 한다. 그리고 소비자가 호기심으로 읽다가 자신도 모르게 구매하는 각 상품의 스토리텔링도 필요하다. 이를 위해서 소비자보다 판매상품에 대해 더 많은 식견과 정보가 있어야 하는 것은 너무나 당연한 사실이다. 블로그를 통한 입소문과 페이스북이나 트위터 등의 SNS도 활용해야 한다. 쇼핑몰 운영자를 힘들게 하는 소수의 고객을 역으로 홍보에 이용할 수 있는 기지도 필요하며 배송과 교환, 반품 등도 일사천리로 이루어져야 한다. 인터넷 중독의 두 배가 요즘의 스마트폰 중독이다. 3800만 대가 넘게 보급될 스마트폰의 미래를 준비해야 한다는 뜻이다. PC 기반의 쇼핑몰로 상징되던 전자상거래가 스마트폰의 모바일커머스로 바뀔 날도 코앞이다.

그렇다면 이 모든 것을 어떻게 준비해야 할까? 오로지 돈을 쏟아붓는 광고만이 쇼핑몰 운영자의 미래라면 얼마나 암담한 현실일까? 우리는 숨은 맛집을 많이 본다. 어떻게 이런 곳에 이런 메뉴를 다루는 식당이 있을까 생각하며 사람이 바글거리는 것을 보고 또 한 번 놀란다. 손님은 숨어 있어도 찾아가고 대기표를 줘도 군소리하지 않고 받는다.

쇼핑몰도 마찬가지다. 아무리 쇼핑몰이 범람하고 있어도 아이템이 좋고 이를 표현하는 방법이 다른 곳과는 다르며 고객응대에 차이가 있다면, 사람들은 '손품' 파는 걸 주저하지 않는다. 음식점은 맛있으면 그만이라면 쇼핑

shopping mall UX

몰은 콘텐츠가 좋으면 그만이다. 매출은 알아서 자연스럽게 오른다.

이 책은 쇼핑몰 구성을 이루는 알맹이들을 다뤘다. 어떻게 뼈대를 만들고 살을 붙여야 하는지 다루었고, 한때 쇼핑몰로 큰돈을 벌어본 필자의 경험이 녹아 있으며 3년 동안 강의를 해오며 겪었던 쇼핑몰 운영자들의 성공과 실패도 담겨 있다.

쇼핑몰 UX는 어려운 것이 아니다. 소비자 입장에서 소비자를 분석하면 된다. 그들이 지겨워하는 아이템은 무엇이며 새로 원하는 것은 무엇인지 간파한다면 쇼핑몰 UX는 완성된 것이다. 마치 공부 잘하면 좋은 대학을 간다는 말과 같다. 짧은 시간에 효과를 보려면 어떻게 해야 공부를 잘할 수 있는지 알아야 한다. 이 책에 알고 있는 모든 노하우를 아낌없이 담아냈다. 쇼핑몰로 새로운 시작을 앞두고 있는 분과 지금도 부단히 뛰어다니고 있을 다수의 쇼핑몰 운영자에게 이 책을 바친다.

목차

Chapter 3　콘텐츠 UX: 소비자와 소통하라

Chapter 4 운영 UX: 초심을 잃지 마라

Chapter 5　마케팅 UX: 나만의 스토리를 구축하라

Chapter 6　새로운 UX가 온다

UX:
10%의 차이를 활용하라

shopping mall
UX

기존의 아이디어로도 성공할 수 있다

실패를 맛본 이들이 주변에서 듣는 흔한 위로가 있다. "때가 너무 일렀던 거야. 지금은 아니었어.", "다른 사람들이 당신의 아이디어를 이해하지 못한 거야." 이러한 충고를 바꿔서 '아직은 이르지만 조만간 인정받을 아이템'이라고 말할 수 있다.

반대로 이미 사람들이 알고 있는 것을 재활용하여 성공을 거둔 이들도 있다. 하지만 성공을 장담할 수 없던 사업 초기에는 주변에서 우려의 목소리를 낸다. "이봐, 그 아이디어는 이미 나온 지 한참 되었는데 사람들이 흥미를 가지겠어?", "당신이 생각한 그건 이미 여기저기 널려 있는데?" 우려의 목소리를 듣는 이때 시원하게 반박할 수 있는 사례가 있다.

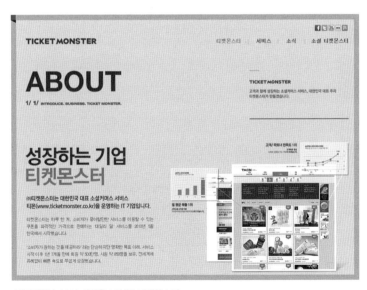

단기간에 눈부신 성장을 보여준 티켓몬스터

그 사례는 바로 2010년 최고의 핫 아이템이었던 소셜커머스. 소셜커머스라는 아이디어는 미국에서 시작되었으며 이것이 국내로 전파된 지 얼마 되지 않아 눈부신 성장을 보여줬다. 소셜커머스 시장의 선두주자라고 할 수 있는 티켓몬스터가 단기간에 몸집을 불릴 수 있었던 이유가 있다. 그 이유를 살펴보자.

■ 서로가 Win-Win하는 전략을 취한 OK캐쉬백, 옥션, 그리고 G마켓

먼저 OK캐쉬백에 대해서 알아보자. 지금은 대형마트, 주유소 등 기업 간 제휴 서비스가 주를 이루지만 서비스 초기에는 동네 미용실, 삼계탕집, 중국집, 세탁소 등 업종을 가리지 않고 OK캐쉬백 가맹점을 모집했다. 업주들도 환영이었다. 업주는 매출액의 3% 정도를 적립금으로 부담하는 대신 대기업 홈

많은 곳과 제휴를 맺고 있는 OK캐쉬백

전자상거래의 대중화를 이끌었던 옥션

페이지에 자신의 가게를 제휴 기간 내내 노출하며 홍보할 수 있었기 때문이다. 게다가 SK텔레콤 가입자에게 문자 홍보 서비스, 지역 DM 서비스 등 다양한 수단을 제공해 홍보 효과에 대해 큰 기대를 모았다.

OK캐쉬백 카드가 있는 소비자는 결제 후 별도의 돈을 적립해서 좋고, 업체는 수수료를 부담하지만 홍보가 되어 좋고, SK는 수수료에서 수수료를 떼어내서 좋고, 한마디로 Win-Win-Win 전략이었다. 그리고 현재는 캐쉬백 서비스를 모르는 사람이 거의 없을 정도로 우리에게 너무 익숙해졌다.

공동구매에 대해서 알아보자. 2000년대 초반에서 중반까지 초고속 인터넷이 보급되면서 인터넷을 사용하는 인구가 폭증했다. 특히 게임 〈스타크래

프트), 인터넷 채팅 등 엔터테인먼트 관련 콘텐츠 덕분에 PC방은 건물 건너 하나씩 있을 정도였다. 이렇게 인터넷을 사용하는 인구가 폭증하고 돈이 돌기 시작하자 새로운 시장을 선점하려는 혁명에 가까운 시도가 끊임없이 시도되었다.

옥션이 여기에 해당했다. 오픈마켓이란 새로운 개념을 대중에게 소개하고 누구나 판매할 수 있도록 시도했다. '만인에 의한 판매'를 제창하고 소비자인 동시에 판매자가 될 수 있는 기회를 제공했으며, 고가의 미술품을 거래하는 옥션이 아닌 라면을 구매할 수 있는 서비스도 제공해 세간의 주목을 끌었다. 또한 모든 물품을 100원 단위 경매로 구매할 수 있다는 미끼도 훌륭히 작용했다.

이러한 옥션의 판매방식과 경쟁하는 모델이 있었다. 지금은 옥션과 한가족이 되었지만 당시에는 라이벌이었던 G마켓이다. G마켓이 주력했던 것은 50명 구매, 100명 구매, 200명 구매 등 일정한 구매단계를 넘기면 물품의 가격이 급전직하하는 방식의 공동구매 서비스였다. 일종의 구매 품앗이인 셈이다. 판매자는 이윤은 줄지만 사람들의 관심을 얻을 수 있었고 소비자는 판매량이 늘어나는 만큼 가격도 대폭 할인되어 이득이었다. 소비자와 공급자가 서로 Win-Win하는 시스템인 것이다. 그리고 이러한 서비스 역시 우리에게 너무나 익숙한 존재가 되었다.

그러나 계속해서 성공가도를 달릴 것 같았던 OK캐쉬백과 옥션 및 G마켓 서비스는 그리 오래가지 못하고 퇴색하고 만다.

■ 한때의 유행에 그치고 만 로컬커머스와 공동구매

OK캐쉬백부터 살펴보자. 지역 상인들이 자신의 매출액에서 3%를 SK에 제공하는 이 서비스는 업주들의 예상과 달리 매출에 큰 영향을 미치지 못한다는 평을 받았다. SK에서는 당연히 약속한 서비스를 제공했지만 효과를 보지 못한 업주들의 불만은 높아져만 갔다. 소비자가 홈페이지를 보고 OK캐쉬백 카드를 제시하는 것이 아니라 가게의 문 앞에 붙어 있는 로고를 보고 나서야 꺼내는 일이 잦았기 때문이다. 이를 보다 못한 몇몇 업주는 몰래 OK캐쉬백 로고 스티커를 떼어내고 알고 오는 고객에게만 OK캐쉬백 서비스를 제공하기도 했다.

업주가 소비자에게 제공하는 3%는 결코 작은 수치가 아니었다. 당시는 몇천 원을 결제하기 위해서 카드를 내면 소금 맞던 시절이다. 이유인 즉슨, 카드로 매출이 발생하면 일단 10%가 부가가치세로 증발한다. 그리고 카드 결제 수수료가 2~3% 정도 지출되고 여기에 또다시 OK캐쉬백 수수료 3%가 붙는다. 여기서 끝이 아니다. 종합소득세에도 영향을 미친다. 즉 1만 원을 팔면 기본으로 16%+α가 내 의지와 상관없이 증발되는 것이다. 이런 상황 속에서 그 어느 업주가 좋아하겠는가?

소비자의 입장에서도 눈치 보이기는 마찬가지다. 동네 가게에 가서 현금 결제를 하며 적립카드를 내미는 것도 은근히 부담스러운데 신용카드에 덤으로 적립까지 원하는 것은 진상인 것만 같다. 게다가 가게 주인의 오묘한 표정을 보면 괜스레 죄를 짓는 기분까지 든다.

SK 입장도 난처했다. 자영업 특징상 워낙 휴·폐업이 많다 보니 수없이 변동되는 지역 데이터 관리도 만만치 않았다. 결국 지역 소상공인을 대상으로 하는 OK캐쉬백 서비스는 대기업 간의 제휴에 비해 실효성이 현저히 떨어지면서 유명무실해졌다.

다음으로 오픈마켓의 공동구매를 보자. 2000년대 초반 전자상거래는 미국 서부 개척 시대 같았다. 지금처럼 포털 사이트의 키워드 광고가 있지도 않았고 쇼핑몰 솔루션은 희소해 쇼핑몰 구축 자체만으로도 상당한 금액이 필요해 부담되는 것이 사실이었다. 그리고 신용카드 결제 시스템을 쇼핑몰 내에 설정하는 것도 직접 보증재단을 찾아가야만 했다.

지금은 쉽게 하는 상품촬영도 디지털카메라의 화소가 20~30만만 되어도 첨단이라는 찬사를 받았다. 화질이 좋지 못한 카메라 가격도 만만치 않으니 1백만 원을 호가하는 포토샵 프로그램은 아무도 쓰지 못했다. 자연스럽게 전자상거래의 상품을 공급하는 사람이 대기업 위주가 되었고 오프라인과 차이가 없게 되었다. 하지만 이를 획기적으로 전환시킨 것이 바로 오픈마켓이다.

쇼핑몰에 준하는 판매환경을 제공하고 매출에서 일정 수수료를 그 대가로 받았다. 중·고등학생도 거래를 할 정도였으니 전자상거래에 조금이라도 관심이 있던 일반인은 누구나 자유롭게 물품을 올리고 팔 수 있었다. 이 흐름은 결국 누가 먼저 물건을 올리느냐가 관건이 되었고 말 그대로 물건을 올리면 그 상태로 팔리는 새로운 블루오션이 개척되었다.

그러나 옥션에서 시행한 경매 형식의 판매는 오래가지 못해 관심이 줄어들기 시작한다. 계속 경매에 참여해야 하니 번거로웠고 물품을 구매하기 위해 긴 시간을 투자해야 했다. 그리고 경매 조작도 문제가 됐다. 옥션의 판매자도 신상품을 계속 떨이할 수 없던 상황이니 다른 이의 아이디로 경매에 참여했고 결국 닭 쫓던 개 지붕 쳐다보듯 정가와 비슷한 금액을 주는 일이 늘어났다.

옥션의 100원 단위 경매 형식은 가히 파격적이었지만 사람이 구매를 하는 만큼 가격이 하락하는 G마켓의 공동구매는 혁명이었다. 그러나 구매 수량을 조작하는 편법이 이루어졌고 할인 역시 판매가 계속되면서 그 폭이 서서히 줄어들었다. 그리고 공동구매도 일정 시간 동안 구매 충족에 이르기까지 기다려야 했으며 물품의 가격도 그다지 싸지 않고 그저 그런 상품이 주를 이루니 소비자의 관심이 줄어들기 시작했다. 시간이 지날수록 본질이 퇴색되어 현재는 G마켓 내 공동구매라는 이름값만 하는 정도다.

이렇게 OK캐쉬백 지역 서비스와 오픈마켓은 한때의 유행에 그치고 말았지만 소비자에게 확실히 각인된 것이 있다. 바로 소비자의 경험이다. 소비자는 서비스 또는 상품의 이용자다. 고로 소비자는 사용자라고 할 수 있다. 사용자의 경험을 영어로 바꾸면 USER EXPERIENCE, 즉 UX가 된다.

지역 OK캐쉬백 서비스는 로컬커머스라는 새로운 경험을 다수의 소비자에게 선사하고 확실한 사용자 경험을 각인시켰다. 오픈마켓도 전자상거래를 접하는 다수의 소비자에게 '만인에 의한 만인의 판매'라는 새로운 사용자 경험을 제공했다.

■ 싸이월드의 화려한 등장

2000년대 초반 OK캐쉬백 서비스의 트렌드 바통을 이어받은 오픈마켓은 2006년까지 중흥기를 맞이하다가 대대적인 오픈마켓 판매자 세무조사 이후 소강기를 거친다. 그리고 2009년부터 서서히 고개를 들기 시작한 SNS가 2010년부터 국내 유저들에게 관심을 받기 시작했다. 이른바 싸이월드의 간

자신의 생각과 생활을 공유할 수 있었던 싸이월드

편화 서비스라고 할 수 있다.

싸이월드는 등장도 화려했다. 블로그와 SNS의 전신이라고 해도 과언이 아니다. 가입한 후 자신의 홈페이지를 개설하여 사진, 이야기 등을 올리면 일촌인 친구들과 이를 공유하는 방식을 취했다. 디지털카메라가 다양한 방식으로 보급되면서 찍은 사진을 올릴 곳이 마땅치 않던 이들에게 싸이월드는 훌륭한 대안이었다. 자신의 생활과 생각을 미니홈피에 올리면 이를 서로가 공유할 수 있는 소셜네트워크가 만들어졌다. 개인들에 의해 만들어지고 볼거리가 가득한 소통 방식은 선풍적인 인기를 끌었고, 지금의 트위터나 페이스북처럼 유명인이 외부와의 소통 통로로 미니홈피를 활용하기도 했다. 그러나 미니홈피 관리로 인한 피로도 누적과 신상털기, 이미지 도용 등 사생활 침해가 반복되자 싸이월드 개인 미니홈피는 갈수록 폐쇄화되었고 급기야 대중의 관심에서 멀어지기 시작했다.

미국에서 성공하던 SNS가 국내에 진출할 당시 적지 않은 이가 국내에서 외면받을 서비스라고 했다. 비관론의 근거가 된 것은 바로 싸이월드의 추락이었다. 하지만 트위터와 페이스북은 싸이월드와는 미묘한 차이가 있다. 싸이월드의 미니홈피가 코스 요리처럼 잔손이 많이 간다면 트위터와 페이스북은 간편하게 먹을 수 있는 패스트푸드였다. 몇 마디만으로도 충분히 의사 전달이 가능했고 이를 공유하면서 재빠르게 확대재생산되었다. 무엇보다 SNS의 성공은 스마트 기기의 역할이 컸다. 스마트폰, 아이패드로 활용하는 무선인터넷은 트위터와 페이스북을 사용하기에 적격이었고 싸이월드를 통한 사용자 경험도 SNS의 빠른 확산에 크게 기여했다.

■ 무서운 속도로 성장한 티켓몬스터

티켓몬스터를 비롯한 당시 소셜커머스의 탄생 시점은 이러한 국내의 세 가지 사용자 경험과 박자가 맞았다. 게다가 주요 소비자인 20~30대는 로컬커머스(OK캐쉬백), 오픈마켓의 경매 및 공동구매, 그리고 SNS의 전신을 모두 섭렵한 경험 세대였다.

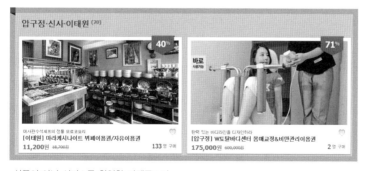

상품이 아닌 서비스를 할인한 티켓몬스터

티켓몬스터는 블로거의 추천 등 검증된 결과물에 할인 혜택을 제공했다

2010년 5월부터 서비스를 시작한 티켓몬스터는 땅 짚고 헤엄치듯 가파른 성장을 하는데 그 성장 동력은 90%의 익숙함과 10%의 새로운 사용자 경험이었다. 10%는 어떻게 구성되는지 알아보자.

첫째, 상품에서 서비스로의 공동구매 전환이다. 지금까지의 공동구매가 유형의 상품 할인을 목적으로 한 것이라면 이를 식당, 미용실, 연극 등의 무형의 서비스 상품으로 전이시켰다. 상품의 공동구매에 익숙한 이들에게 서비스의 반값 할인 제공은 호기심을 끌기에 충분했다.

둘째, 지역 기반의 공동구매 역시 OK캐쉬백 덕분에 이미 익숙했다. 식당, 미용실, 극장 등의 서비스에 대한 캐쉬백 서비스를 경험한 다수의 소비자에게 이와 비슷한 서비스 활용은 거부감 없이 받아들이기에 충분했다. 또한 사

티켓몬스터에 있는 내용을 페이스북을 통해 의견 공유가 가능하다

업자들에게도 OK캐쉬백과 같이 무작위 서비스 제공이 아닌 일정한 조건 충족 시 할인 혜택을 제공한다는 점에서 충분히 매력적이었다.

셋째, 이미 싸이월드를 통해서 상품정보나 이벤트를 다양하게 접하고 있었다(당시 싸이월드의 트래픽을 활용한 커머스 시도가 자체적으로 존재했다. 이 서비스의 후신이 11번가이다). 또한 파도타기 등으로 SNS를 경험한 이들에게 트위터 및 페이스북의 간편함은 더욱 재빠르고 자발적인 바이럴 마케팅Viral Marketing(입소문 마케팅으로 마케팅의 꽃이라고 불린다)이 가능하게 했다. 간편화된 SNS 자체가 또 다른 10%의 호기심을 충족한 것이다.

이 세 가지의 사용자 경험을 바탕으로 10%의 새로운 시도를 한 티켓몬스터는 자신의 역량을 극대화하여 단기간에 폭발적인 성장을 이루어냈다. 물론 잡음도 많았고 급성장에 대한 피로 누적도 있지만 새로운 소비의 축으로 성장한 것은 부정할 수 없는 사실이다.

Chapter 1. UX: 10%의 차이를 활용하라

■ 쇼핑몰의 생존과 매출을 좌우하는 UX

쇼핑몰 운영자의 입장에서는 사용자 경험(이후부터 UX라고 칭한다)에 대한 중요한 가정이 생긴다. 우리의 소비자는 경험이 있는가 없는가? 이 가정을 한 번 더 살펴보면 이렇다. 공급자가 제공하는 상품이나 서비스에 대해 소비자가 그 원리를 터득하고 있는가 없는가? 아무리 기발한 아이디어라고 해도 소비자가 그에 대한 상식이 없다면 상품에 대해서 인지시키고 소비를 유도해야 하는 것이 공급자의 역할이다. 마케팅 비용이 상승하는 것은 너무나 자명한 일이며 쇼핑몰 운영자에겐 그만큼 광고와 홍보 비용으로 전가된다. 홍보력은 광고력이고, 광고력은 곧 자본력이다. 자본이 희소한 쇼핑몰 운영자에게 경험이 전무한 소비자를 설득하는 것은 보통 어려운 일이 아니다. 그렇기 때문에 쇼핑몰 UX의 기초적 활용은 쇼핑몰 운영자에게 생존과 매출이라는 부분에 있어 가장 중요한 조건이 된다.

UX의 전통적인 구조를 확인하자. 본래 UX는 제조자의 고민에서 출발했다. 신상품을 끊임없이 개발해야 하는 입장에서 소비자에게 외면받는 상품을 개발하는 것은 치명타다. 그러므로 자연스럽게 소비자가 무엇을 원하고 어떤 아이템을 필요로 하는지 파악하는 조사가 필요하게 되고, 수집된 자료를 바탕으로 새로운 상품 개발 프로젝트를 구축한다. 이 프로젝트는 새로운 상품의 시장성을 결정하는 선행 사업이 된다. 감당할 비용이 되는 상품 개발인지, 매출로 이어질 수 있는 개발인지 등 골고루 살피게 되고 가능성이 농후하다고 판단되면 본격적으로 그다음 단계인 신상품 개발에 들어간다.

소비자를 조사하고 연구한다는 것은 사용자의 경험을 분석하는 것이다. 개발이 결정된 프로젝트는 더욱 면밀하게 진행된다. 사용자의 활용 빈도가 높고 어떤 점에서 유익하며 무엇을 우선적으로 원하는지를 우선순위로 삼고 불필요한 요소를 제거해나간다. 상품과 관련된 다양한 전문가들이 사용자 경험을 바탕으로 상품의 대량생산을 위해 프로젝트를 수행한다. 상품의 디자인, 새로운 기능의 구현, 혁신적인 기술 적용 등이 그것이다. 그리고 새로운 사용자 경험이 골고루 적용된 샘플을 완성한다. 그 후 샘플이 효율적인 대량생산이 가능하도록 불필요한 요소를 제거해나가는 절차가 진행된다. 이때 비용 대비 결과치가 비효율적인 기능은 제거하고 이익을 극대화하며 생산 단가를 최소화할 수 있는 방안이 마련된다. 이 방안을 토대로 한 샘플은 신상품으로 새롭게 태어난다.

이 모든 과정이 사용자 경험, 즉 소비자의 행태를 바탕으로 진행된다고 하여 User Experience Design이라 칭하고, UX Design으로 줄여 쓴다. 소비자를 연구하는 것으로 시작하지만 철저히 공급자의 입장을 우선한, 공급자가 생각하는 소비자 경험이라고 할 수 있다.

쇼핑몰 운영도 생산적 UX 디자인과 큰 차이가 없다. 쇼핑몰에서의 사용자 경험의 근원은 쇼핑몰 운영자가 된다. 그러므로 UX 디자인이 신제품 생산에 국한된다고 생각하면 오산이다. 쇼핑몰 운영자의 입장에서 UX를 다시 한 번 정리해보자. 우선 이해해야 할 세 가지가 있다. 약 20년 동안 한 손목시계를 차고 다니다가 새 시계를 구매하려는 사람의 예로 살펴보자.

첫째, 유저, 즉 사용자다. 사용자가 되기 위한 조건은 아주 간단하다. 시계를 구매하면 된다. 구매자가 사용자가 된다는 것이다. 그러므로 20년 전에 지금의 시계를 구매한 이는 사용자다.

둘째, 반복되는 경험이다. 구매 후 20년 동안 같은 시계를 찼다면 많은 경험을 했을 것이다. 10년이면 강산이 변한다고 강산이 두 번 변했으니 다른 시계는 몰라도 자신이 차고 있는 시계에 관해서는 도사가 된다. 언제 약을 갈아줘야 하며 시계의 가죽끈은 언제 바꿔야 하고 어디를 가야만 수리가 가능한지 등을 알고 있다. 그만큼 오랜 시간 사용해왔기 때문이다. UX에서 사용은 경험이라는 뜻이 된다. 즉 경험이 반복된다는 것이다. 여기서 경험은 두 가지로 나뉘는데 이를 살펴보자.

백화점에 가서 다양한 시계를 구경했다. 약도 더 이상 바꾸기 싫고 가죽끈을 주기적으로 교환하는 것도 싫다. 새로 살 시계는 이 두 가지만큼은 신경 쓰지 않았으면 한다. 번거로운 경험(사용)을 다시 반복하기 싫기 때문이다. 다양한 시계 브랜드를 구경하던 중 마음에 쏙 드는 시계를 찾았다. 우선 오토매틱이기 때문에 매일 차기만 하면 시계가 멈출 일이 없고 시계의 끈도 가죽이 아닌 플라스틱이다. 팔목에 땀이 차는 여름에도 걱정하지 않아도 된다. 살짝 시험 삼아서 차보니 디자인도 예쁘고 마음에 쏙 든다. 여기서 결정해야 한다. 지금까지 번거로웠던 일을 반복할 것인지 아니면 새로 시계를 구입하고 속 편하게 차고 다닐 것인지 말이다. 하나의 경험은 새로운 시계 구매를 요구하며, 새로운 경험에 대한 기대는 '한 번 차보고' 말 것인지 아니면 '계속 차고 다닐 수' 있을 것인지에 대한 요구를 한다.

셋째, 구매되는 새로운 경험이다. 결국 무게도 가볍고 다양한 기능이 추가된 새로운 시계를 구입하기로 결정한다. 무엇보다 지금은 세일을 하고 있고 한정품으로 나와서 정상가보다 저렴하게 살 수 있다는 점원의 말에 설득당했다. 그리고 앞으로 이렇게 좋은 조건으로 구매할 수 있는 기회는 없을 것이란 말도 솔깃했다. 만약 백화점에서 시계를 구경하고 손목에 차보지 않았다면 지금까지 차던 시계를 몇 년은 더 사용했을 수도 있다. 하지만 새로운 시계에는 기존의 시계가 주지 못하는 새로운 경험이 있다. 약, 가죽끈에서 그치지 않고 기존의 디자인과 다른 새로운 디자인도 없던 구매욕을 상승시킨다. 새로운 경험을 계속 하고 싶다면 방법은 '경험을 구매하는 것', 즉 새 시계를 구매하는 것이다.

이렇게 쇼핑몰 UX 디자인의 세 가지 요소를 살펴보았다. 사용자는 쇼핑몰 운영자에게 있어 소비자가 된다. 앞서 시계의 예와 같이 소비자는 자신의 물품을 반복하여 사용하고 있다. 스마트폰, 가방, 신발, 오디오, 이어폰, TV, 렌탈 서비스 등 그 대상을 가리지 않는다. 재미있는 점은 분명 새로운 상품과 서비스를 구매하지만 대상이 완전히 바뀌는 경우는 극히 드물다는 것이다. 피처폰에서 스마트폰으로 바꾼다고 해도 결국은 같은 휴대폰이다. 브라운관 TV에서 3D 기능이 있는 TV를 구입해도 결국 같은 TV다. 이처럼 용도는 변하지 않는다고 해도 지겨워진 경험이 무엇인가 아는 것은 중요하다. 쇼핑몰 운영자는 자신의 아이템이 소비자에게 새로운 경험을 줄 수 있는지 없는지를 파악해야 한다. 소비자보다 자신의 아이템에 대해 잘 모르고 있다면 그만큼 판매는 어려울 수밖에 없다. 잡지를 뒤지고 시장을 조사하며 쇼핑몰 운영자 자신이 직접 사용해보지 않는 한 새로운 경험, 즉 구매되는 경험을 준비할 수 없다.

쇼핑몰은 대상을 가리지 않고 노출할 수 있다는 이점이 있다. 그러나 중요한 기능 하나를 반드시 생략해야만 한다. 전자상거래가 매년 두 자릿수로 성장하고 있지만 백화점, 길거리 슈퍼마켓, 오프라인 매장이 쓰러지지 않는 이유인 바로 '촉감구매'이다. 어떤 물품을 구입하기 위해서는 직접 만져보고

디자인은 쇼핑몰 운영자에게 별 차이가 없어보여도 소비자의 눈에는 차이가 크다
(출처: 케이스걸, 아이폰걸)

조금이라도 겪어봐야 한다. 전자제품의 시연이 그렇고 실제로 입어보는 옷이 그렇다. 소비자는 자신의 생각과 상품 간의 동의가 있어야 구매한다. 하지만 이런 과정이 있다고 해도 교환이나 환불이 빈번하게 일어난다. 하물며 촉감구매가 없는 쇼핑몰은 어떻겠는가. '동의 후 구매과정'이 없고 '기대하는 구매과정'만 있다면 당연히 교환이나 환불은 몇 배 더 많을 수밖에 없지 않을까?

쇼핑몰은 시선으로 촉감구매를 대리할 수 있는 시각적 제안을 하는 것이 중요하다. 단지 상품 자체가 부각된 사진이나 쇼핑몰 디자인이라면 소비자는 새로운 경험을 느끼기 어렵고 그만큼 판매도 지지부진하다.

평면 모니터에서 보이는 것이 전부인 만큼 '가상체험'이 가능한 새로운 경험을 주는 것이 중요하다. 즉 의류는 비교적 가상체험이 용이하다는 뜻이 된다. 평면으로 펼쳐본다고 해도 다양한 코디 연출법을 잘 보여주면 그 자체가 새로운 경험으로 이어질 수 있지만 전자제품이나 일반 공산품의 경우에는 객관적 데이터에 그치는 경우가 많다. 한계가 명확한 만큼 다른 방법으로 접근해야 한다. 그래서 작은 부분이라도 시선을 머물게 할 수 있는 시각적 요소가 중요하다. 쇼핑몰 디자인은 물론이고 상품의 배열과 설정, 그리고 다양한 카피 문구도 필요하다.

인터넷 소비자의 패턴은 정형화되어 있다. 일단 포털 사이트에서 자신이 구매하고자 하는 특정 키워드를 검색한다. 그래서 키워드 광고로 '남성구두, 아이폰, 스웨터' 등 특정 브랜드명이나 보통명사를 많이 사용한다. 하지만 이는 대부분 감당하기 어려운 고가 키워드다.

고가 키워드는 노출되는 횟수는 높지만 그만큼 돈이 많이 들기 때문에 부담이 된다. 그리고 또 다른 문제점은 특정한 상품을 찾기까지 구매자가 다양한 키워드를 활용한다는 점이다. 쉽게 들어가는 만큼 쉽게 나온다. 구매자는 정확한 상품정보를 위해 거치는 과정이지만 쇼핑몰 운영자들에게는 광고 비용이 상승한다는 단점이 있다. 그러므로 이탈을 막기 위해서는 쇼핑몰에 들어왔을 때 호기심을 끌 수 있는 콘텐츠를 어떻게 내세우느냐가 중요하며 이는 쇼핑몰 운영자의 UX 디자인이 중요한 이유이기도 하다.

간단히 정리해보자. 쇼핑몰 운영자는 자신이 판매하는 아이템을 잘 파악해야 한다. 최소한 소비자보다 더 잘 알고 있어야 소비자가 반복하고 있는 지루한 경험이 무엇인지를 눈치챌 수 있다. 운영자가 판매할 상품이 기존 사용자가 많은지도 중요한 기준이 된다. 우리나라는 매니아 마켓의 크기가 작은 편이기 때문에 대중성이 없는 상품은 판매하기가 쉽지 않다. 소비자의 수요를 정확하게 파악하자.

다음은 쇼핑몰의 전부라고 할 수 있는 시각적인 요소를 통해 어떻게 내 쇼핑몰에 오래 체류할 수 있게 만들지 고민해야 한다. 쇼핑몰의 메인 디자인(웹 내비게이션), 웹 카피(상품 카피, 스토리텔링 카피), 콘텐츠(읽을거리), 상세설명이 어떻게 구성되느냐에 따라 판매량이 달라진다

　인터넷 구매자에게 한 번의 클릭은 한 번의 '동의'가 된다. 오프라인에서의 다양한 상품 확인을 통한 소비심리와 자기 의지 간의 동의가 바로 한 번의 클릭이다. 클릭은 체류시간을 증가시키고 쇼핑몰 운영자의 제안을 그 시간만큼 읽게 만든다. 그리고 상품 제안에 동의하여 구매할 확률도 증가한다. 구매자의 동의가 많은 쇼핑몰은 키워드 광고의 효율성에도 영향을 미친다. 또다시 방문하고 싶은 쇼핑몰은 즐겨찾기에 추가하거나 쇼핑몰 이름을 직접 검색해 들어오는 경향이 많기 때문이다. 그러면 키워드 광고의 본래 목적에도 부합된다. 유료 키워드 광고를 개척 광고라고 한다면, 이 과정을 거쳐 신규 유입자가 유입되고 쇼핑몰 콘텐츠를 통해 '새로운 경험'을 가득 제안하여 구매를 유도하는 것이다.

　소비자의 '시선'을 잡았다면 절반은 성공한 셈이다. 나머지는 '신뢰'의 단계다. 판매 후 고객관리나 평상 시 고객응대가 중요하다. 교환이나 반품은 어떻게 응대하며 앞서 구매한 소비자들에 대한 태도는 어떤지, 평상 시 고객을 대하는 태도는 어떤지를 본다. 또한 기존의 구매자가 올린 후기나 불만도 적극적으로 참고한다.

　소비자, 즉 사용자는 '후회할 경험'이나 '불쾌한 경험'을 원하지 않는다. 소유하고자 하는 '새로운 경험'을 원하고 그 경험을 구매하길 원한다. 한 번의 '새로운 경험'이 거래되어 만족감을 준다면 쇼핑몰 운영자가 상품을 통해 다양하게 제시하는 새로운 경험은 '다시 믿고 구매하는 경험'으로 반응한다.

이처럼 쇼핑몰 운영자에게 사용자 경험^{UX}이란 아주 중요한 요소라고 할 수 있다.

한때 트레이닝복계의 샤넬이라고 불리던 값비싼 브랜드가 있다. 그 이름은 쥬시 꾸뛰루. 이 브랜드는 여성성을 강조한 트레이닝복으로도 유명한데 특히 여성의 엉덩이 부분에 새긴 독특한 로고 디자인이 많은 사람의 이목을 끌었다. 여성의류는 남성의류보다 트렌드가 강하지만 그만큼 유행의 주기도 짧다. 자연스러운 수순으로 트레이닝복의 유행이 지날 무렵 신생 브랜드도 아니고 저렴하지도 않은 여성 전문 트레이닝복 쇼핑몰이 등장한다. 이 쇼핑몰은 성공했을까? 아니면 실패했을까?

이야기에 들어가기 앞서 쇼핑몰의 전반적인 트렌드에 대해 짚고 넘어가자. 많은 이는 쇼핑몰 운영을 시작하며 멀티플레이어를 꿈꾼다. 원피스, 투피스, 재킷, 스커트, 바지, 가방, 액세서리, 구두 등 토털 패션을 추구한다. 이는 소비자 입장에서는 좋은 일이다. 다양한 종류를 한눈에 볼 수 있기 때문이다.

그렇다면 쇼핑몰 운영자 입장은 어떨까? 상당한 에너지와 돈이 필요하다. 상품 선택의 신중함은 물론 코디까지 제안해야 하니 그야말로 정신노동이 극대화되는 아이디어 표현의 집합체다. 도매상인도 한두 곳으로는 어림없다. 그리고 도매시장도 때에 따라선 동대문이나 남대문만으로 부족할 때가 있다.

다양한 상품을 구매하기 위한 돈도 문제가 된다. 처음에는 어느 정도의 자본이 있어 기본적인 상품을 구성할 수 있지만 계절마다 바뀌는 다양한 옷의 종류와 그 범위를 소화하기란 자본의 압박이 심하고 재고에 대한 부담도 크다.

여기서 끝나면 좋겠지만 그렇지 않다. 유행하면서 순환이 빠른 제품을 꾸준히 업데이트하기 위해 상품촬영, 모델 섭외, 스튜디오를 포함한 촬영 장소, 이를 촬영할 포토그래퍼, 상세설명의 구성 등 힘든 일이 한두 가지가 아니다. 이렇게 많은 에너지와 돈이 들어가면 판매도 그만큼 따라와야 하지만 실상은 그렇지 않다. 은근히 쌓이는 재고가 악성재고가 되면서 재고가 늘어나니 상품을 구성할 돈도 그만큼 줄어들게 된다.

쇼핑몰이 물품 비용만 들어가는 것이 아니라는 것은 이미 많은 사람이 알고 있다. 광고비뿐만 아니라 상품을 쇼핑몰에 올리기 위한 모델비, 활동비 등 여러 제반 비용이 필요하다. 게다가 사무실을 얻었다면 유지비는 물론이고 배송비, 통신비, 그리고 세금까지도 생각해야 한다. 처음에는 의욕에 가득 차 여러 품목에 손을 대지만 시간이 지날수록 판매물품 업데이트가 주는 내 쇼핑몰의 처량함을 보게 된다. 광고비를 지출하며 겨우겨우 유입시킨 소비자도 반응이 냉랭해지기 시작한다. 이처럼 쇼핑몰 운영자는 여러 가지를 고려하고 고민하며 바쁘게 보내지만 소비자 입장에서는 상품의 업데이트가 느리거나 아예 업데이트되지 않는 걸로 보일 뿐이다. 가장 치명타라고 할 수 있는 건 이전 계절의 상품이 아직도 쇼핑몰에 노출되고 있는 경우다. 물론 잘나가는 상품의 앵콜전이라면 괜찮겠지만 상품 업데이트가 가뭄에 콩 나듯 하는 쇼핑몰에 이런 관용을 기대하기란 어렵다.

이렇게 대부분 쇼핑몰 운영자는 쇼핑몰의 기초 중에 기초라고 할 수 있는 물품의 구색부터 무너지기 시작한다. 망조가 서서히 다가오는 것이다. 소비자가 클릭하는 것은 이제 상품의 상세설명이 아닌 쇼핑몰을 닫는 엑스박스가 된다.

상품의 구색은 너무나 중요하다. 구색이 갖추어져야 쇼핑몰에 들어오는 소비자의 반응을 볼 수 있고 쇼핑몰의 아이덴티티가 정립된다. 여기서 끝이 아니다. 구색을 통해 효자상품도 추려낼 수 있다. 정말 신기한 것은 기대한 상품은 이것이지만 소비자가 꾸준히 찾는 상품은 저것인 경우다. 결국 쇼핑몰의 상품은 계절마다, 상품을 제안할 때마다 뚜껑을 열어봐야 알 수 있다는 뜻이다. 이러한 점에 대한 수치도 열 개 중에 두 개 꼴로 나타난다. 기대하고 가져온 상품 중 80%는 쇼핑몰에서 사장되지만 나머지 20%는 쇼핑몰 운영자에게 눈물이 날 정도로 효도한다. 그리고 20%의 효자상품들이 쇼핑몰의 단골손님을 만들고 입소문이 나게끔 만들어 꾸준히 매출을 이어갈 수 있게 해준다. 50개의 상품을 꾸준히 업데이트하면 10개, 100개라면 20개, 500개라면 100개의 효자상품이 태어난다.

여기에 보너스가 또 있다. 쇼핑몰에서 상품의 구색이 넓어지면 소비 행위의 규모화가 이루어진다는 것이다. 구매를 한 개 단위가 아닌 묶음 단위로 하는 소비자가 늘어난다. 다양한 구색이 있으니 소비자 자신이 코디할 옷을 선택하기도 하고 쇼핑몰 운영자의 코디 제안을 그대로 따르기도 한다. 이렇게 묶음구매를 하는 사랑스럽다 못해 존경스러운 소비자가 단골로 등극한다. 500개의 구색이 있으면 100개 그 이상의 효도상품이 덤으로 나온다. 당연히 상품의 구색이 넓고 자주 업데이트하는 쇼핑몰은 잘될 수밖에 없는 구조가 된다. 이렇게 구색이 다양해지면 쇼핑몰 운영자의 상품 제안도 규모화가 되고 소비자 역시 소비 자체가 규모화된다.

규모화가 이루어지면 그다음 단계가 범위화다. 범위화는 우리가 가는 대형문고를 보면 알 수 있다. 교보문고를 가면 사람들이 책만 사지 않는다. 어학 교재도 보고, 음반도 사고, 아이들 장난감이나 필기도구도 산다. 백화점에서 살 것 같은 각종 액세서리, 가구, 전자제품과 같은 물품도 눈에 띈다. 게다가 편의점까지 들어가 있다. 서점에서는 판매가 안 될 것 같은 상품들이 있지만 정작 사람들은 책은 사지 않고 이것을 구입하는 경우도 있다. 바로 이것이 범위화다. 대형문고 내에 책이 많아 규모화되고 소비자의 유입도 있어 이종상품에 대한 소비가 가능해지는 것이다.

만약 서점을 차린다고 하자. 서점을 차리려고 하는 김 씨의 목표는 언젠가 교보문고 같은 대형서점의 사장이 되는 것이다. 지금은 돈도 많지 않고 임대할 공간도 협소하지만 책은 팔아야 한다. 그렇다면 어떤 서적을 팔아야 할지 고민일 것이다. 마음 같아서는 소설, 잡지, 참고서, 만화책 가리지 않고 다 팔고 싶은데 사다 놓을 책에는 한계가 있다. 내 전공을 찾아야 한다. 그런데 김 씨에게는 사법고시를 공부하던 몇 년의 과거가 있다. 비록 지금은 낙방하여 서점 주인이 되려고 하지만 주위에서는 한때 걸어다니는 법학사전으로 유명했으며 교재 추천을 잘한다며 업으로 삼아보라는 농담도 들은 적이 있다. 다른 건 몰라도 김 씨는 법 관련 서적에서는 전문가다. 서점에 찾아오는 수험생에게 조목조목 책의 분류부터 서브노트, 유명한 강사까지 자신이 섭렵한 정보를 제공할 수 있다. 고시촌에는 여러 서점이 있지만 김 씨 같은 전문적인 식견을 갖고 책을 파는 서점 주인은 없다고 한다. 상담도 해주

고 책도 추천해주는 사법고시 경험자가 운영하는 법학서적전문서점. 여러분
이라면 김 씨에게 자신의 체험과 전문적인 식견을 살려 법학서적전문서점을
차리라고 권유하지 않을까?

한 분야의 전문가가 되어라

다시 본론으로 돌아가보자. 기존의 여성 소비자들에게 쥬시 꾸뛰르는 비싼
트레이닝복으로 각인되었고 유행을 탔다. 연일 잡지에 오르내리고 수많은
연예인도 입고 다녔다. 즉 비싼 트레이닝복의 주요 고객대인 20~30대 소비
자들에게 90%의 사용자 경험이 각인되었다는 말이 된다. 패션의 얼리어답

포포키 쇼핑몰에는 트레이닝복 소재로 만들 수 있는 모든 의류가 모여 있다

터를 통해 트레이닝복 패션에 대한 것이 인지되었으니 다음 단계는 해당 아이템에 대한 저변화다.

포포키www.popoki.co.kr라는 여성 트레이닝 쇼핑몰이 있다. 이곳은 다른 건 몰라도 트레이닝복 재질로 만들 수 있는 모든 카테고리를 섭렵하고 있다. 트레이닝 원피스, 민소매, 후드, 반바지, 조끼, 배기팬츠 등 트레이닝복 버전의 토털 패션을 완성했다. 소비자가 이곳을 방문하면 분명하게 전달받는 것이 있다. '포포키라는 쇼핑몰은 트레이닝복 아이템에 관해서는 전문가네. 와, 없는 게 없어.'

포포키 쇼핑몰은 트레이닝복 하나만 집중적으로 파고 들었다. 옷의 재질은 하나로 통일하고 그 안에서 다양한 디자인을 유도했다. 소비자에게 다양한 디자인이 있는 트레이닝복 전문 쇼핑몰로 각인되니 기존에 있던 단체복 중심의 트레이닝복 쇼핑몰과는 자연스럽게 차별화되었다.

그렇다면 성공 요인을 쇼핑몰 UX의 입장에서 들여다보자. 우선 포포키는 카테고리의 단순화를 이루었다. 상품의 메뉴 구성이 심플하다. 심플하니 소비자에게 전달하는 상품 메시지도 정확하고 강력하다. 그리고 포포키 자체의 확실한 정체성이 있어 상품의 업데이트도 산만하지 않다. 디자인 트레이닝복에 한정되니 상품이 10개면 10개, 30개면 30개가 분산되지 않아 상품 제안 업데이트의 집중화를 노릴 수 있었다. 보통 쇼핑몰이라면 산만하게 분산되어 업데이트 효과가 미진했을 것이다.

도매시장에서는 어땠을까? 상품이 전문화되어 사입이나 주문제작의 대량화가 평균적인 속도보다 빨랐다. 쇼핑몰을 운영하면 중요하다고 생각되는 것이 바로 도매상인의 도움이다. 다른 쇼핑몰 운영자보다 좋은 양질의 정보,

인기 좋은 아이템의 제안, 없어서 팔지 못하는 일이 없도록 넉넉한 재고의 우선적 제공 등은 도매상인의 도움으로 이루어진다. 도매상인에게서 사입하는 양이 꾸준히 늘어날수록 도매상인은 쇼핑몰 운영자에게 도움을 주며 다른 쇼핑몰과의 차별화는 여기에서 이루어진다. 그리고 때로는 역으로 쇼핑몰 운영자에게 시장의 반응에 대한 상품 제안을 받기도 한다.

도매상인은 쇼핑몰 운영자에게 소비자의 반응을 제공받고 그 대가로 다양한 편의(다양한 낱장도매, 도매물품의 반품, 교환 등)를 제공하기도 한다. 정보교환이 많으면 의논도 자연히 늘어나고 이로 인해 쇼핑몰 운영자는 그 방면의 전문가가 된다. 이것이 바로 노하우로 직결되는 순간이다. 상품의 업데이트는 부지런해질 수밖에 없고 소비자는 그만큼 해당 쇼핑몰의 역량을 체감하게 되며, 이는 곧 상품의 소비로 이어진다. 이런 선순환이 반복되면 쇼핑몰 운영자가 선점하는 아이템은 늘어나고 이는 소비자에게 새로운 쇼핑몰 UX를 확대재생산하여 제공하게 된다.

사입의 규모화가 진행되면 자연스럽게 주문제작이 뒤따른다. 동대문 근처에 있는 창신동은 국내 의류제조의 메카이다. 자신의 디자인을 제조해주는 의류제조 공장이 있으면 좋겠지만 여기에는 엄연한 시장 논리가 존재한다.

의류제작을 하는 공장의 입장에서 보면 최고의 수익은 다량주문이다. 그러니 소소하게 주문하는 이들에게 관심이 있을 리 없다. 의류를 제작하기 위해서는 패턴을 구성하고 샘플이 나와야 하는데 같은 시간을 들여 소량을 파느니 오히려 하던 것을 제작하는 게 좋다. 그러니 쇼핑몰을 시작한 지 얼마 안 된 운영자는 공장을 뚫기가 어렵다. 친인척이 직접 운영하거나 소개받지 않는 이상 공적인 관계로 시작하는 터라 주문 텃세라는 것이 있기 때문이다.

그리고 주문량을 충분히 소화할 수 있는 쇼핑몰 운영자라고 가정해보자. 상황이 달라진다. 꾸준한 상품 판매는 꾸준한 사입 행위가 전제되어 있으며 이런 반복은 시장 예측, 상품 예측, 업계 정보, 자재 정보, 단가 등에 대한 이해도를 높여준다. 또한 도매시장을 통해 구축한 노하우를 적극적으로 활용한다. 사입에서 제조로 선회하면 마진도 그만큼 늘어나고 쇼핑몰 운영자 자신이 도매업을 영위할 수도 있다. 품목이 단일하면 전문화의 속도는 타의 추종을 불허할 정도이며 그만큼 소비자의 지갑을 여는 쇼핑몰 UX는 꾸준히 창출된다.

주문량이 늘면 당연히 제조업체도 잘나가는 쇼핑몰을 두고 서로 경쟁하기 시작한다. 오히려 더 좋은 조건으로 제조할 테니 자신들과 거래하자는 행복한 제안도 받게 된다. 쇼핑몰이 대형화되면 생각보다 재고가 없어 판매하지 못하는 경우가 많은데 이런 누수 비용도 충분히 커버할 수 있다. 도매상인과 제조업체가 다변화되면 웬만한 규모화는 이룬 것이다. 이때 내 쇼핑몰에 방문하는 소비자가 규모화되는 것은 물론이다. 여기서 다시 한 번 강조하지만 주문제작의 집중화가 이루어질 수 있는 한 가지 카테고리로 진행해야 한다는 것이다.

소비자는 전문가를 원한다. 이는 심리학으로도 증명되었는데 전문가는 그 분야의 권위를 가진다는 점에서 설득력이 높다고 한다. 우리가 무엇을 살 때 판매사원의 의중을 묻는 것도 그들이 나보다는 전문가라는 생각을 하기 때문이다. 그러므로 전문가가 쇼핑몰 운영자로 있는 쇼핑몰은 소비자의 환영을 받을 수밖에 없다.

현재의 포포키는 범위화도 이루었다. 운영자가 똑똑하다고 느껴지는 것은 이종물품도 판매하지만 그 콘셉트가 절대 본래의 범위를 넘지 않는다는 것이다. 액세서리, 신발, 가방으로 카테고리를 넓혔지만 포포키는 철저히 트레이닝복에 매치하기 좋은 콘셉트로 일관한다. 그래서 상품의 품목이 다르다고 해도 이질감이 없다. 지금은 커플 트레이닝복 제안으로 여성을 넘어 남성 소비자도 들어올 수 있게끔 메뉴를 구성했다. 경영학도 저리 가라 할 정도로 선택, 집중, 규모화, 범위화, 기존의 고객을 통한 잠재고객의 발굴이라는 골든 프로세스를 거치고 있다. 당연히 성장 속도도 빠르다.

이렇게 반문할 수도 있다. 이전부터 트레이닝복 전문가는 아니었는지, 해당 브랜드에서 근무를 했거나 의상 디자인과 별도의 의류공장을 잘 알고 있던 것은 아니었는지 말이다. 하지만 포포키 쇼핑몰 구성원 중 한 명은 현재 30대 중반을 넘긴 남성이다. 포포키를 하기 직전에 판매했던 품목은 신발이다. 포포키의 주 고객은 20대 여성인데 같은 여성도 아닌 남성이, 그것도 30대 중반을 훌쩍 넘긴 사람이 운영하고 있다는 것을 믿을 수 있겠는가. 결론은 하나이다. 멀티플레이어도 좋지만 한 가지 방면의 전문가가 돼라.

■ 자신만의 UX를 창출하라

쇼핑몰을 운영한 지 얼마 되지 않은 이들이 범하는 가장 큰 실수 중 하나가 벤치마킹이다. 물론 잘되는 쇼핑몰 콘셉트를 얄미울 정도로 잘 따라 하면 어느 정도의 돈은 벌 수 있다. 하지만 분명한 사실은 벤치마킹은 UX 복제에 지나지 않는다는 것이다. 그리고 그 UX는 따라 하고자 하는 쇼핑몰에 의해 먼저 제공되기 때문에 성장하는 속도가 다르다. 결국 벤치마킹을 고집하는 이는 그 단계를 극적으로 넘어서지 않는 한 자신만의 쇼핑몰 UX 창출은 까

마득한 일이 된다. 그리고 무엇보다 누가 원조이고 누가 따라 했는지 소비자가 더 잘 안다. 같은 시간을 써도 누구는 계속 크고 누구는 그 자리에 계속 애매하게 머무는 이유가 여기에 있다.

한 가지 사례를 살펴보자. 남자임에도 정말 온갖 종류의 신발에 관심이 지대한 백승익이라는 사람이 있다. 평상 시 수집해온 독특한 신발만 100켤레 훌쩍 넘게 가지고 있으며 한 번도 신지 않은 채 모아만 두었다. 게다가 남들이 보면 이상한 디자인이라고 할 만한 신발은 저렴한 가격도 아니었다. 또한 남자가 신기에는 벅찬 신발도 꽤 됐다.

백 씨의 전공은 시각디자인이었지 신발 관련이 아니었다. 하지만 신발을 굉장히 좋아했다. 고민을 계속 하던 그는 디자인 업계에서 유명하다는 곳을 박차고 나와 일을 벌였다. 그 일은 당연히 신발이었고 남성 전용 수제구두로 특화했다.

그 쇼핑몰이 바로 비.프로제또www.bb-shoe.com라는 곳이다. 당시 남성 수제화는 개척단계였기 때문에 성수동부터 무작정 찾았다. 마치 탐문수사 하듯이 여기저기를 돌아다니며 공장의 위치를 물었고 들은 정보를 바탕으로 여러 공장을 무턱대고 방문했다. 고집도 보통이 아니었다. 귀찮을 수도 있었는데 자신이 디자인할 신발의 재료를 구하고자 지방을 간 것도 꽤 여러 번이었다.

신발과 관련된 온갖 외국 잡지는 돈을 아끼지 않고 사들였다. 일본, 이탈리아, 영국, 미국 등 신발과 관련된 것이라면 모두 섭렵하면서 디자인 감각을 키웠다. 남성 패션잡지는 10년 가까이 구독했다. 새로운 트렌드, 구두와의 코디에 대한 전반적인 지식은 물론 독특한 재질의 구두 디자인도 척하면

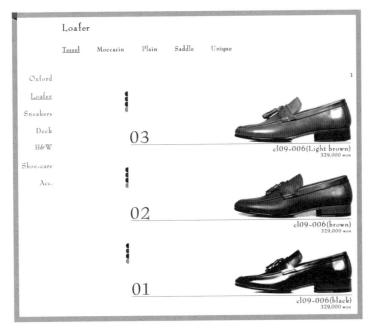

Loafer

Tessel   Moccasin   Plain   Saddle   Unique

Oxford
Loafer
Sneakers
Deck
B&W
Shoe-care
Acc.

1

03
el09-006(Light brown)
329,000 won

02
el09-006(brown)
329,000 won

01
el09-006(black)
329,000 won

독특한 디자인의 수제구두를 판매하여 입소문이 나서 유명해진 비.프로제또

삼천리가 됐다. 자신이 너무나 하고 싶었던 일이었기 때문에 전문화의 속도가 남다를 수밖에 없었다.

수제구두는 현장 경험이 매우 중요하다. 실제로 사람의 발 치수를 대고 제작해봐야 한다. 그래서 회사를 다니며 모은 돈과 대출받은 돈으로 압구정동 로데오 거리에 작지만 내실이 꽉 찬 미니 살롱을 차렸다. 이때만 해도 단골고객이 많지 않았다. 하지만 추구하는 아이템이 독특했기 때문에 취재를 하거나 방송의 배경이 되기도 하고 연예인도 신기 시작했다. 입소문이 났던 것이다. 비.프로제또의 오프라인 매장을 가면 단순히 발치수뿐만 아니라 별걸 다 잰다. 발등, 발가락 길이, 좌우의 폭까지 우리나라에서는 쉽게 경험하지 못하는 UX를 경험할 수 있다. 신발에 어울리는 가죽을 고르는 과정도 정말 꼼꼼하다. 그만큼 구두의 하나부터 열까지 알지 않고선 불가능한 일이다. 자신이 만든 모든 종류의 구두를 무조건 신어보고 무엇이 불편하며 개선할 점은 어떤 것인지 모조리 파악했다. 이는 초반 자금 사정에 상당한 압박을 줬다. 전시할 상품도 가벼운 가격이 아닌데 자신이 신을 용도로 죄다 맞추었으니 말이다.

비.프로제또의 운영자는 이런 목표가 있었다고 한다. '내가 디자인한 구두의 착화감이 어떤지 모르고 소비자만 안다면 그건 수제화 전문점이 아니다.' 그래서인지 백 씨의 구두 디자인은 독특하다. 구두 자체로만 보면 부담스러울 수 있지만 신으면 멋있다. 평범한 사람이 이렇게 느낄 정도인데 매니아에게는 굉장히 소중한 아이템이다.

지금은 그 동네에서 굉장히 유명해져서 단골손님이 많고 매장 주문은 물론 온라인 주문도 많다고 한다. 남성 수제구두를 시작한 지 몇 년 되지 않지만 짧은 시간 내에 성공할 수 있던 것은 소비자를 앞서가는 안목과 전문가다운 모습이었다. 게다가 온·오프라인 두 마리 토끼를 모두 잡았다. 소비자보다 자신이 더 잘 알아야 한다는 비.프로제또 운영자의 철학을 많은 사람이 공유했으면 좋겠다.

쇼핑몰로 성공하고 싶은 당신에게 묻는다. 지금 당신이 가장 자신 있는 상품 품목은 무엇인가? 당신은 그것을 전문화할 수 있는 에너지가 있는가?

Chapter 2

아이템 UX:
아이템 감별 능력을 키워라

shopping mall
UX

쇼핑몰 운영은 동대문 도매시장에서 10년 넘게 판매한 사람도 실패하기 쉽다. 더군다나 지금은 누구나 시작할 수 있는 아이템이기 때문에 경쟁은 더더욱 심하다. 이런 상황에도 불구하고 매해 대박을 치는 쇼핑몰은 꾸준히 등장한다. 젊은 사람이 많은 것은 물론 선생님 소리가 절로 나오는 연장자도 있다. 옆에서 구경하는 사람들은 신기하다며 쇼핑몰을 쉽게 생각하는 경향이 있다. 여기서 꼭 깨야만 하는 착각이 있다.

첫째, 나도 쉽게 대박이 날 수 있을 것 같다는 생각을 하지 말자. 이 생각은 상당히 위험하다. 어디를 가나 로또 1등은 존재하듯이 대박 쇼핑몰도 있는 것이다. 눈물이 앞을 가리는 사정으로 쇼핑몰을 닫는 사람이 많으며 우리가 아는 대박 쇼핑몰 대부분은 산전수전 다 겪은 산파의 역사가 있다. 단지 시작하는 단계이기 때문에 아무것도 모르고 대박에만 집중하는 것이다.

둘째, 자신이 타고 났다는 생각을 버려라. 코디 능력이 좋고 얼굴 예쁘고 대인관계도 넓기 때문에 성공할 수밖에 없다고 생각할 수도 있다. 하지만 엄친딸, 엄친아는 쉽게 성공하지 못한다. 너무 자신을 과신하거나 대인관계에 의존하는 등 자신의 능력이 시장에서 그대로 인정받을 수 있을 것이란 생각 때문이다. 이는 절대 금물이다. 시장에서의 운명은 소비자가 판단해준다.

셋째, 특정 거래처를 너무 맹신하지 말자. 학연, 지연, 혈연 등의 루트만 믿고 쇼핑몰에 덜컥 뛰어드는 일이 있다. 도매 규모가 커서, 수입을 직접 해서, 직접 제조를 해서 등 그들에게는 다양한 이유가 있다. 사실 이것은 하늘이 내려주는 복이다. 남들보다 훨씬 좋은 조건에서 시작할 수 있는 상황이다. 거래처만 잘 뚫어도 절반은 성공인 마당에 꽉꽉 밀어주는 든든한 지원군이 있으니 이 얼마나 소중한 존재인가. 그런데 여기에 함정이 있다. 바로 쇼핑몰의 정체성이 상대에게로 귀속될 수 있다는 것이다. 그리고 상대의 불확실성이나 취약점 등 약점이 그대로 쇼핑몰에 투영된다. 그렇기 때문에 불가항력의 상황이 자주 올 수 있다. 그래서 꼭 하고 싶은 말은 유리한 상황은 어느 정도 초반의 성공을 보장할 수는 있어도 그 후에는 운영자 자신만의 개척 아이템을 꾸준히 섞어 자신만의 정체성과 함께 키워야 한다는 것이다. 주력 아이템이 있으니 개척 아이템의 잦은 실패도 부담되지 않는다. 그러니 밑그림이 보일 때까지 계속 시도하라. 그렇지 않으면 쇼핑몰 운영을 오래 해도 아이템 발굴은 제대로 하지 못하는 속 빈 강정이 될 뿐이다.

넷째, 사은품과 적립금, 이벤트 등을 자주 해서 단골손님을 만들어라. 소비자는 물고기가 아니다. 애매한 미끼로 월척을 낚으려고 하는 것은 잘못된 생각이다. 관련된 짧은 사례를 살펴보자. 쇼핑몰에 회원가입과 출석체크를 하면 100원씩 적립이 되는 이벤트를 한 운영자가 있었다. 결론부터 말하면 90일 내내 출석체크만으로 적립금 9천 원을 모은 후 레깅스를 살 수 있었고 레깅스를 받은 손님은 그렇게 떠났다. 쇼핑몰에서 진행하는 전형적인 프로세스만으로 단골을 만들려고 하는 것은 부질없는 꿈이다. 어디를 가나 받을 수 있는 아주 흔하고 흔한 당연한 혜택일 뿐이다. 퍼주는 이벤트는 이벤트만을 목적으로 하는 소비자만 몰릴 뿐이다.

다섯째, 인터넷 서핑이 전부라고 생각하지 말자. 컴퓨터 앞에서 모든 고민을 하는 사람이 있다. 하루의 고민이 인터넷 서핑에서 시작해서 인터넷 서핑으로 끝난다. 철학자가 따로 없다. 여기저기에서 아이템을 관찰하는 것으로

'카더라' 정보만 머릿속에 가득 채운다. 이럴 경우는 의심만 늘 뿐이다. 무엇을 하려고 하면 마음속에서 '이렇다는데', '저렇다는데'와 같은 온갖 잡생각이 든다. 인터넷 서핑만 하지 말자. 될 것도 안 된다.

여섯째, 눈으로 보지 말고 몸으로 보라. 아이템 선정은 결코 쉬운 일이 아니다. 일단 자신이 열렬하게 짝사랑할 수 있는 대상이어야 한다. 아무리 날 실망시키고 힘들게 하고 상처만 줘도 여전히 사랑할 수 있는 그런 아이템이어야 한다. 만약 그렇지 않다면 일찍 접어야 한다. 일단 시작하면 생각도 못한 다양한 일이 벌어질 테니 말이다.

■ 시장으로 가면 아이템이 보인다

아이템을 찾기 힘들다면 일단 도매시장부터 가자. 개인적으로 동대문을 추천한다. 도·소매가 공존하며 다양한 아이템이 있다. 먼저 동대문 도·소매시장의 피크 시간대부터 파악해라. 어느 시간에 관광객이 많고 전문꾼(?)들이 오는지 알아야 한다. 처음에는 목적 없이 그냥 방랑하는 것이 좋다. 아예 생각을 말고 눈으로 보이는 그 모든 것을 머릿속에 담으며 꼭 메모해야 한다. 처음에는 그냥 돈 주고 원하는 물품을 사면 되는데 혼자 외롭게 새벽 길거리를 헤매며 뭘 하고 있는 건가 싶을 수도 있다. 그래도 꾹 참고 하자.

인터넷으로 도매시장의 거래에 관한 룰을 모조리 수집하는 사람이 있다. 그리고 도매시장에 가서 그 매뉴얼대로 한다. 하지만 세상은 바보가 아니다. 장사 한두 번 한 것도 아니고 뜨내기란 뜨내기는 지긋지긋하게 겪는 도매상인은 눈빛 한 방이면 모든 스캔이 끝난다. 초보티가 나는데 과연 단골 대우를 하겠는가? 말만 전문용어이고 나머지는 죄다 초짜다. 바가지를 쓰거나 소박 맞기 쉽다. 그래도 바가지는 애교인 편이다. 수업비라고 생각하면 되지만 알짜 도매상인에게 소박을 맞으면 치명타다. 그들의 언어는 따라 할 수 있을지 몰라도 룰은 그 누구도 가르쳐 줄 수 없다. 이는 어설픈 허세다.

정말 독한 사람은 도매시장에 취직도 한다. 그렇게 2년을 구르는 사람을 직접 본 적이 있다. 도매시장에서 발품 좀 판다고 해서 억울해하지 말자. 발품 시간이 많을수록 좋은 물품을 추려낼 수 있는 아이템 감별 노하우가 쌓인다. 아이템을 잘 감별할 수 있는 노하우는 판매하고자 하는 아이템의 구매전환율을 높일 수 있는 시작점이다.

방랑을 계속하며 도·소매 구분하지 말고 꾸준히 구경을 다녀야 한다. 그리고 눈앞에서 벌어지는 다양한 사람의 이동 패턴과 구매 종류를 파악해야 한다. 소매를 위주로 한다면 어느 곳이 사람이 몰리는지 보는 것도 좋다. '오늘도 왔네?' 하는 눈초리가 느껴져도 신경 쓰지 말자. 당신이 원하는 것은 체면이 아니라 당신만의 UX를 위한 밭 갈기다. 헛돈 들이는 시행착오를 건너뛸 수 있을 것이다.

도매시장보다 소매시장을 먼저 가면 돈을 쓰는 최종 소비자의 트렌드를 파악할 수 있다는 좋은 점이 있다. 꾸준히 돌아다니며 관찰하면 어느 곳이 장사가 잘되며 소비자가 무엇을 찾는지 느낌이 오기 시작할 것이다. 어느 시간대에 가야 내가 원하는 풍경이 펼쳐지는지도 육감적으로 알 수 있게 된다. 바로 여기서 당신만의 감이 만들어지기 시작한다. 관광 가이드처럼 친한 친구에게 어디 가면 무엇이 좋더라 정도의 정보가 만들어졌다 싶으면 그때 도매시장으로 넘어간다. 그리고 시간과 장소를 가리지 말고 돌고 또 돌아야 한다. 눈앞에서 펼쳐지는 도매시장은 소매시장과 아주 판이하게 다르다. 길 하나 건넜을 뿐인데 딴 세상이 펼쳐진다.

돌아다니는 것도 마음이 더 편하다. 소매 매장에서 겪는 시선이나 부담스러운 호객 행위도 없다. 무심할 정도로 내게 말을 걸지 않는다. 소매시장의 그것을 견뎠으니 당신은 분명 더 활발하게 활보할 수 있다. 그렇게 소매시장에서의 경험을 도매시장에서 녹여내라. 도매상가마다 있는 층별 계단에서 어슬렁거리는 것도 추천한다. 도매상인, 직원, 사입삼촌, 쇼핑몰 운영자, 그리고 오프라인 소매 운영자 들의 다양한 소리를 엿들을 수 있다. 그들에게 아무것도 아닌 일상이지만 당신은 돈 주고 사지도 못할 그들의 경험담을 들을 수 있다.

도매시장에서 돌아오면 이미 성공하고 있는 쇼핑몰들의 스캐닝도 절대 잊지 말아야 한다. 잘되는 쇼핑몰들을 계속 파악하고 발견해내야 한다. 괜찮다 싶은 쇼핑몰이 있으면 무조건 즐겨찾기에 추가하고 보고 또 본다. 어떤 물품이 잘 판매되는지, 어떤 상품에 문의가 많은지, 품절되는 상품은 무엇인지 계속 관찰해야 한다. 당연히 하루 이틀 봤다고 쇼핑몰의 상품순환을 파악할 수는 없다. 처음에는 얼마 되지 않던 쇼핑몰 리스트가 시간이 지나면 1백여 개를 훌쩍 넘어갈 것이다. 마치 애널리스트처럼 스타일별, 나이별, 가격대별 등으로 잡다한 데이터가 머릿속에 기억되고 있어야 한다.

이렇게 잘된다는 쇼핑몰을 관찰했다면 다시 도매시장으로 간다. 그렇게 돌고 또 돌고, 보고 또 보고를 반복한다. 도매시장의 상가별, 층별, 그리고 골목골목을 다녀본다. 청계천을 넘어 포진해 있는 상가로 여기저기를 기웃거려 보기도 한다. 그러다 보면 하나둘씩 보이기 시작한다. 사람이 몰리는 가게, 물품이 좋은 가게, 가격이 정직한 가게, 그리고 아이템이 겹치는 가게 등이 눈에 보인다. 이전에는 모르고 지나쳤거나 아무것도 모르고 무턱대고 물품을 구매했을 만한 곳이 알아서 나뉘기 시작한다. 주야 영업시간이 명확히 구분되는 곳도 나뉘고 하다못해 단추를 구하기 위해 조그마한 소품이나 주문제작은 어디서 해야 하는지도 눈에 띈다.

그런데 어느 시점부터 관찰하는 내 눈이 조금씩 달라지기 시작한다. A쇼핑몰과 비슷한 스타일을 추구하는 가게도 보이고 B쇼핑몰이 파는 상품을 파는 곳도 발견된다. C쇼핑몰에서 판매할 것 같다는 아이템도 눈에 들어온다. 머릿속에 있는 쇼핑몰과 도매시장의 연결고리가 새롭게 그려지는 것이다. 그리고 집으로 돌아가면 즐겨찾기에 등록된 쇼핑몰들을 다시 열어본다. 장담하지만 분명히 새롭게 느끼는 게 또 있을 것이다. 이 희열을 꼭 느껴보길 진심으로 권한다.

■ 당신만의 아이템 감별 노하우가 필요하다

가장 중요한 것이 있다. 바로 당신만의 쇼핑몰 UX 아이템 감별의 노하우다. 다른 쇼핑몰 분석과 도매시장을 정신 없이 돌다 보면 자신도 모르게 얻는 천리안이 생긴다. 반복되는 하루 속에서 자신이 쓴 메모를 보면 어떻게 변하고 있는지 보인다. 만약 방문 첫날의 메모가 얼굴이 화끈거릴 정도로 한심한 메모였다면 그만큼 당신은 성장한 것이다. 어떤 초보 쇼핑몰 운영자가 당신과 같은 고생을 하겠는가? 매일 가는 게 중요하다. 어쩌다 한번 가면 그 감은 그대로 가라앉는다. 작정하고 매일 가야 한다. 도매상인은 안 보는 것 같아도 당신을 눈여겨보고 있다.

쇼핑몰 운영자들이 도매상인과 거래를 틀 때 중시하는 게 하나 있다. 너무 당연한 이야기지만 잘되는 물품을 좋은 가격에 주는 거래처를 확보하는 것이다. 같은 물건이라고 해도 가격이 모두 다르며 어느 곳에서는 처음 거래하는 가격이 다른 곳에서는 단골들에게 주는 가격이기도 하다. 우리는 떼오는 가격에서 마진을 붙여야 하니 그만큼 좋은 상품의 착한 가격은 수익으로 이어진다.

이전에는 동대문에서 인터넷 판매한다고 하면 터부 시 하던 시절이 있었다. 여러 가지 이유가 있지만 가격을 흐린다는 점이 가장 큰 이유였다. 그러나 지금은 상황이 많이 바뀌었다. 잘되는 쇼핑몰 하나만 잘 잡아도 도매 수량이 만만치 않기 때문에 그들을 잡으려고 혈안이 된 상인이 있을 정도다. 도매상인은 양을 많이 가져가는 것도 좋지만 자주 오는 사람을 더 좋아한다. 자주 온다는 것은 자신의 물품을 그만큼 꾸준히 판매했으며 앞으로도 그럴 확률이 높기 때문이다.

도매상인이 뻣뻣하고 거칠어 보인다고 주눅 들지 않아도 된다. 도매시장에서 일하면 알게 되지만 상당히 다양한 일이 벌어지는 곳이다. 장사 잘하는 상인은 표현은 서툴지 몰라도 상대방을 파악하는 것은 귀신이다. 표정, 말투, 행동 모두를 무심한 듯하지만 세세히 살핀다.

다시 한 번 강조하지만 어설프게 인터넷에서 본 정보만으로 상인을 대하는 것은 금물이다. 지금까지 발품을 판 경험을 토대로 당당하고 솔직하게 '이제 막 시작했으니 잘 부탁한다'고 말하는 게 좋다. 이미 당신의 근면성실함은 알게 모르게 눈도장 찍혀있다.

물품을 구입하는 요령도 중요하다. 여러 군데에서 산만하게 나누어 사는 것은 좋지 않다. 발품을 팔다 보면 품목별로 유명한 곳을 알게 된다. 도매시장을 자주 가다 보면 북적거리는 횟수가 많은 집이 눈에 띄고 도매가 잘되는 집이 눈에 보인다. 이때 집중하여 구입하는 게 좋다. 거래가 많은 집을 감별하는 능력은 자신의 감에서 나온다. 자신의 감을 키우도록 하자. 이러한 감은 소매시장이나 도매시장을 매일 방문하는 것에서 시작된다. 절대 '우리가 잘되는 곳이에요'라며 힌트를 주는 곳은 없다.

■ B2B 사이트를 과신하지 말자

여기서 한 가지 의문이 들 것이다. 장사가 잘되는 집을 찾으면 떼어가는 쇼핑몰 운영자도 많을 것이고, 떼어가는 물량이 많으면 판매상품도 겹치지 않을까 하는 생각이다. 물론 그럴 가능성도 있다. 쇼핑몰을 검색하지 않고 상품 위주로 검색하는 오픈마켓은 그 확률이 더 높다. 가격에 민감한 일부 소비자는 티셔츠 한 장을 사기 위해 수십여 곳이 넘는 쇼핑몰을 확인하고 나서야 구매하기도 한다. 하지만 모든 소비자들이 가격에 민감해 아이템마다 여기저기 뒤진다면 B2B 사이트(도매 사이트)는 단 한 군데도 자리 잡지 못했을 것이다.

B2B 사이트를 살펴보자. 의류에 집중적으로 포진되어 있는 B2B 사이트는 오프라인 도매시장에 비해 간편하다. 노트북만 있으면 커피 한잔 마시며 사입을 뚝딱 마칠 수 있다.

B2B 사이트의 장점은 우선 보기 좋게 사진을 늘어놓았다는 것이다. 도매시장에 가면 여러 상품을 보는 데 한계가 있는 것이 사실이다. 가게를 전세 낸 것도 아니고 이거 보았다 저거 보았다 꼼꼼하게 상품을 골라 보기 어렵다. 반면 B2B 사이트는 쇼핑몰 운영자가 소비자의 입장에서 물품을 보는 것

다양한 의류를 도매로 판매하는 B2B 사이트 이노빌

이기 때문에 세세한 설명을 달아놓는다. 눈에 쏙 들어와 간편하다. 클릭하면 금방 나오니 짧은 시간에 이곳저곳을 볼 수 있다. 오프라인 도매시장은 직접 발품을 팔아야 하기 때문에 시간의 제약이 있는데 반해 B2B 사이트는 정반 대다. 언제 어느 시간대나 들어가볼 수 있다. 게다가 상세설명의 사진을 제공해주는 곳도 있다. 피팅모델을 섭외해서 촬영할 사람을 구하고 야외촬영을 하는 등 할 일이 많고 주머니 사정이 빠듯한 쇼핑몰 운영자에게는 치명적인 유혹이다. 스타일링까지 해결되었으니 사진만 받아오면 되는 것이다.

그렇다면 단점은 무엇인지 알아보자. 촉감구매가 불가능하다. 번거로움을 감수하며 고집스럽게 도매시장에 직접 가는 이유도 바로 촉감구매 때문이다. 처음에는 감별하는 능력이 떨어질 수 있지만 시간이 지날수록 손끝으로 스치는 그 순간의 촉감이 발달한다. 짧은 시간에 많은 판매상품을 결정지을 수 있는 것도 쇼핑몰 운영자가 가진 촉감의 순간 반응 때문이다. 반면 B2B 사이트는 쇼핑몰 운영자가 쇼핑몰에 방문해 상품을 구매하는 소비자와 같은 입장에서 상품을 사입해오는 것이다. 즉 상품을 받아봐야 그 상품의 상태를 알 수 있다. 물론 반품이나 교환을 하면 되지만 매출이 적은 초기 쇼핑몰 운영자에게는 쉽지 않은 일일 것이다. 이런 상태에서 매출이 올라가는 것을 기대하는 건 무리다.

조금씩 차이가 나는 치수도 문제가 된다. 직접 시장을 방문하여 구매하면 최소한 그 옷은 작게 나왔다거나 크게 나왔다는 등의 코멘트를 들을 수 있지만 B2B 사이트는 그런 팁을 얻기 어렵다. 물론 코멘트를 넣은 일부 B2B 사이트도 있지만 문의만 늘어나기 때문에 잘 알려주려고 하지 않는다. 이를 모르고 판매하면 소비자로부터 클레임은 물론이고 교환과 반품도 늘 수밖에 없다.

그리고 편하게 퍼올 수 있는 상세설명은 마치 마약과도 같다. 이러한 편암함은 쇼핑몰 운영자의 코디 능력을 망가트리기 쉽다. 쇼핑몰의 정체성을 애매하게 할 뿐만 아니라 전반전인 통일성도 무너트린다. 쇼핑몰 운영자 자신이 무엇을 어떻게 해야 할지 혼란스러워지기 때문이다. 소비자는 전문가를 원한다. 개인 쇼핑몰이 브랜드 편집 매장도 아니고 여기서 퍼오고 저기서 퍼오는 쇼핑몰을 신뢰할 수는 없다. 물론 초기 쇼핑몰 운영자의 애로도 이해된다. 떼어올 돈이 없고 시간과 비용도 부담이 된다. 재고는 계속 쌓이니 신상품을 사 올 엄두도 나지 않아 어쩔 수 없을 것이다. 그런데 냉철하게 생각해보자. 그런 쇼핑몰 운영자의 상황을 이해해줄 소비자가 몇이나 있겠는가? 게다가 볼거리가 많은 쇼핑몰이 사방에 널려 있는데 소중한 돈을 동정하듯이 쓸 소비자가 어디 있을까.

사례를 통해 살펴보도록 하자. 40대 중반의 남성 운영자가 여성의류 판매가 잘된다는 말에 덜컥 여성의류 쇼핑몰을 시작했다. 패션에 대해서 잘 안다고 하는 여자도 버티지 못하는 일이 허다한데 아무런 준비 없이 시작한 것이다. 이 운영자의 대안은 의류 B2B 사이트였다. 도매시장에 가지 않아도 상세설명을 가져다 쓸 수 있으니 간편했다. 이 쇼핑몰을 구경할 기회가 있었는데 의류 B2B 사이트 아이템의 집합소였다. 내심 판매는 어떤지 궁금해 물었더니 조만간 판매 품목을 바꾸겠다고 했다. 6개월 동안 운영해보았지만 재미는커녕 교환이나 반품을 하기에 바빴다고 한다.

이처럼 초기 운영자에게 의류 B2B 사이트는 절대 금기사항이다. 배울 것이 없고 느는 내공도 없다. 마치 엄마가 아이에게 숟가락으로 밥을 떠먹이는 식이다. 남들이 이미 만들어놓은 아이템을 그대로 복사하는 것에 지나지 않는다. 의류 B2B 사이트 이용은 어느 정도 쇼핑몰 운영의 경험이 녹아들고 궤도에 올랐을 때 추천한다. 또한 의류 B2B 사이트에 있는 아이템은 오프라인 도매 매장보다 겹칠 확률이 높기 때문에 적절히 감별하고 활용할 수 있는 요령이 필요하다. 이것은 쇼핑몰 운영 경험이 없다면 절대 불가능한 일이다.

그리고 도매시장 아이템이 겹칠 수 있다는 고민을 하고 있다면 과감히 생각을 바꾸자. 쇼핑몰 운영자의 코디 제안과 설정에 따라 다르게 편집되기 때문에 같은 옷이라도 다르게 보일 수 있다. 그런 고민은 구더기 무서워 장 못 담그는 것과 다름없으니 잘되는 도매 거래처를 발굴했다면 주 거래처로 삼자. 당신이 걱정하는 것을 도매상인이 세심하게 교통정리해줄 때도 많다. 주 거래처로 삼는 이유는 간단하다. 처음에는 낱개도매가 사입 비용에 부담이 없어보인다. 하지만 어쩌다가 와서 한두 개 사가는 쇼핑몰 운영자는 도매상인의 기억에 남지 못할 뿐만 아니라 도매 매장에 항상 재고가 있으란 법도 없다. 이런 상황은 그대로 소비자에게 전가되기 마련이다.

　주 거래처를 자주 가다 보면 당신도 모르는 사이에 당신에게 인사를 건네는 사람들을 경험하게 될 것이다. 어떤 사람은 커피를 주기도 하고 같이 먹던 음식을 챙겨주기도 한다. 이 순간이 중요하다. 그들이 당신을 인정하는 첫 단계이기 때문이다. 그렇게 되는 주거래 도매상인이 늘어나면 당신의 매출도 그와 비례해 올라가고 어느 순간 자신이 도매시장에 동화된다는 느낌이 들 것이다. 이는 당신의 내공이 달라졌다는 것을 뜻한다.

　그렇다면 이 과정이 완성되기까지 얼마의 시간이 걸릴까? 인터넷 검색이나 쉽게 구할 수 있는 여러 책을 독파한다고, 하루 이틀 발에 땀나게 돌아다녔다고 아이템 감별 능력이 만들어질까? 되는 물품과 안 되는 물품을 본능적으로 추려내는 감은 결코 공짜로 만들어지지 않는다.

■ 상품의 스토리텔링은 꾸준한 시장 방문에서 나온다

상품에 이야기를 추가하는 스토리텔링도 자신만의 아이템이 전문화되었을 경우에 가능하다. 남들보다 더 잘 아는 만큼 새로운 호기심거리를 만들어낼 수 있기 때문이다.

　스토리텔링에 어려움을 겪는 사람이 많을 것이다. 아무리 관련 강의를 들어도 막상 컴퓨터 앞에 앉으면 '탁' 하고 글귀가 막히는데 그 이유는 간단하다. 자신의 쇼핑몰에 방문하는 소비자에게 딱히 알려줄 내용이 없기 때문이다. 쇼핑몰 운영자도 모르는데 스토리텔링이 어떻게 쉽게 나오겠는가. 스토리텔링을 위해서는 도매시장에서 정보를 캐고 자신이 판매하려는 아이템의 전문가가 되어야만 한다.

같은 구두 제작과정을 설명해도 2% 차이가 있다
(출처: 비.프로제또)

이에 관련된 사례를 보자. 국내 굴지의 오픈마켓에서 근무하는 20대 후반의 여성 MD가 있다. 하루는 나이 지긋한 초보 쇼핑몰 운영자가 무턱대고 본사를 찾아와 MD를 기다렸다. 보통 사람이라면 그냥 돌아갔을 텐데 끈질긴 인내심으로 기다린 열정에 감탄한 MD는 아버지뻘 되는 초보 쇼핑몰 운영자를 데리고 동대문시장으로 가서 몇 군데를 찍어주었다고 한다. 50대 초반의 쇼핑몰 운영자는 MD가 시키는 대로 여성의류를 떼어다 팔았는데 반 년이 넘은 지금도 그 집의 물건은 잘 팔린다고 한다. 쇼핑몰 운영자가 아닌 MD가 어떻게 이런 내공을 쌓았을지 자문해봐야 한다. 당신이 자신하고 추천할 수 있을 정도의 거래처를 꿰고 있는 건 얼마나 도매시장을 들락거리느냐에 따라 달라진다.

■ 외국의 아이템을 개척하라

일부 아이템을 외국에서 조달하는 방법도 있다. 홍콩, 일본, 유럽 등 외국에서 열리는 주얼리 박람회, 소비재 박람회 등을 직접 방문하여 아이템 개척을 하는 방식이다. 그러나 이 과정은 결코 쉽지 않다.

우선 실무 무역의 기초적인 개념을 알아야 한다. 관세사를 통한다고 해도 현지 제조업자와 주고받아야 하는 전문용어는 부담된다. 외국에 다녀오는 비용도 만만치 않지만 최소 수량을 맞추는 오더 비용도 감당이 되지 않는다. 컬러당 수백 개씩 몇 개의 모델만 주문해도 1~2천만 원을 훌쩍 넘긴다. 무엇보다 가장 겁나는 것은 이렇게 대량으로 들여와도 성공할 수 있다는 보장이 없다는 것이다. 속 편하게 중국 도매시장을 방문해서 상품을 직접 보고 오더하는 방법도 있지만 마음이 편치 않다. 그래서 해외 박람회는 물론 중국

외국의 아이템은 무엇이 있는지 볼 수 있는 알리익스프레스

도매시장을 가지 않아도 되는 대안을 소개한다.

　중국 최대의 전자상거래 기업 알리바바가 운영하는 알리익스프레스www.aliexpress.com다. 이곳은 주로 중국, 홍콩 상인들로 구성되어 있으며 당연히 중국산 제품을 판매한다. 낱개도매가 가능하다는 장점을 가지고 있어 국내 쇼핑몰 운영자는 물론 도매상인도 많이 활용한다. 아직 국내에는 들어오지 않은 다양한 상품들을 소량으로 구매할 수 있어 좋다. 또한 샘플 상품을 저렴한 비용에 구할 수 있어 국내의 일반 소비자도 은근히 많이 사용하는 편이다. 이 때문에 구매가 반복되면 국내 사업자 번호를 묻는 중국상인도 많다.

　회원가입을 하면 구매를 시작할 수 있다. 하지만 싸거나 배송이 무료라고 무작정 지르면 안 된다. 판매자는 중국인과 홍콩인이 대부분이지만 현지에 진출한 한국 상인도 많기 때문에 잘못하면 한국에서 수입된 상품을 중국을

알리익스프레스는 낱개도매가 가능해 국내에서도 많이 사용한다

거쳐 또다시 한국으로 수입하는 웃지 못할 일이 벌어진다. 결국 알리익스프레스도 검색을 반복하면서 감을 키워야 하는데 알리익스프레스를 통해 상품을 조달하는 어떤 쇼핑몰 운영자는 15일 정도는 아무것도 주문하지 않고 검색만 했다고 한다.

알리익스프레스는 중국인 특유의 상문화가 있다. 재고를 준비하지 않고 주문이 들어오면 비로소 상품 구색을 알아보기 시작한다든지 배송은 하지 않은 채 피드백을 요구하는 경우다. 여기서 주의해야 하는 점은 배송이 시작되지 않은 상태에서 판매자의 피드백 요구를 듣지 말아야 한다는 것이다. 돈을 떼일 수도 있다.

가격을 좀 더 협상할 수도 있다. 결제를 즉시 하지 말고 카트에 담아둔 후 채팅창이 열리면 판매자와 직접 대화를 주고받으며 가격을 깎는 방법이다. 대신 자주 접속해야 한다는 단점이 있다.

포털 사이트에서 알리익스프레스를 검색해보면 주의사항이나 구매 요령을 친절히 알려주는 글이 많다. 이 글들을 참고해 아이템 조달에 활용하면 짭짤한 재미를 볼 수 있다. 그리고 알리익스프레스에서 판매되는 상품이 도매시장에도 많이 진열되어 있다는 것을 발견할 수 있을 것이다.

하지만 분명한 사실은 알리익스프레스도 결국 B2B 사이트와 별 차이가 없다는 것이다. 촉감구매를 못할 뿐더러 교환과 반품은 거의 불가능하다. 그렇기 때문에 알리익스프레스 역시 쇼핑몰 운영의 감이 생겼을 때 시작하는 것이 좋다.

02 브랜드 아이템에 어떻게 접근할 것인가

괜찮은 아이템을 감별할 수 있는 노하우를 익히기 위해서 시장에 직접 찾아가서 부딪히라고 이야기했다. 하지만 이 과정은 굉장한 인내심과 노력이 필요하기 때문에 쉽지 않다. 그리고 이 과정을 거쳤다고 해도 아직 아이템 감별에 자신이 없을 수 있다. 몇 가지 다양한 사례를 살펴보며 아이템을 결정할 때 참고하도록 하자.

■ 가격경쟁력이 없다면 브랜드 아이템을 과감히 포기하자

브랜드 아이템은 소비자가 이미 알고 있고 시장도 형성되어 있어 비교적 판매가 간편한 편이다. 이미 브랜드 자체로 소비자의 기대치가 있기 때문이다. 하지만 그만큼 브랜드 아이템을 판매하는 경쟁자도 많다. 브랜드 상품은 오픈마켓과 비슷한 양상을 띠는데 동일한 상품을 판매하면 가격이 더 저렴한 곳으로 이동하는 식이다. 그러므로 포털 사이트의 비교검색도 꼼꼼하게 체크하고 무조건 할인가격으로 승부하는 오픈마켓 판매자도 견제해야 한다.

당연히 성공의 묘책은 내가 떼오는 상품을 얼마나 저가로 가져오느냐다. 하지만 문제는 적은 양으로 떼오는 상품을 매력적인 저가로 사입하기가 만만치 않다는 것이다. 당연히 사입 비용을 낮추기 위해 투하되는 물품 대금이 증가하게 된다. 박스 단위에서 컨테이너 단위로 주문수량이 훌쩍 넘어서고 기본수량도 수십 개가 아닌 수백, 수천 개를 넘을 때가 많다. 풍부한 자본이 아니라면 건드리기 어렵다. 마치 도박과도 같아 몇 년 동안 산전수전 다 겪은 잔뼈 굵은 운영자도 쉽게 결정하지 못한다. 한 번 잘못 선택한 대량의 브랜드 상품은 처분하기가 너무나 까다롭기 때문이다. 지인이나 특별한 관계에 의해 사입 가격을 초저가로 받을 수 있는 루트가 있다면 모를까 브랜드에 아무런 지식도 없이 손을 댔다가는 낭패를 보기 쉽다.

브랜드상품을 시작한다면 우선 자신이 다루고자 하는 브랜드상품의 유통 경로를 파악한 후 최대한 가격을 낮출 수 있는 네크워크가 있는지 자료를 수집하고 감당할 수 있는 물량인지 확인해야 한다. 현재 히트치고 있는 상품이 있다면 욕심이 나더라도 참는 게 좋다. 상품이 풀리는 만큼 경쟁도 많아서 가격도 덩달아 낮아지기 때문이다. 도매가격이 가장 비쌀 때 사입하는 쇼핑몰 운영자가 많다. 차라리 이럴 때는 브랜드의 틈새상품을 찾는 게 좋다.

■ 브랜드의 틈새상품을 노려라

유명 브랜드마다 틈새상품이 반드시 존재한다. 주력군은 아니지만 브랜드의 후광을 받는 상품인데 꾸준히 판매되는 효과가 있다. 특히 고급 브랜드라면 소비자의 충성도가 좋다. 비주류라고 해도 지금까지 구축된 브랜드 이미지가 전이되기 때문이다. 일종의 공감각을 활용한 예다. 몽블랑의 시계, 구찌의 가죽으로 된 머니클립, 뱅앤올룹슨 이어폰, 태그호이어의 안경테, 자동차 회사 포르쉐의 선글라스, BMW의 어린이용 자동차, 휘슬러의 전기레인지, 모바일 게임 〈앵그리버드〉 캐릭터 모양의 스피커 등 헤아릴 수 없을 만큼 브랜드의 틈새상품은 많다. 이런 것을 쇼핑몰에서 판매할까 싶겠지만 실제로 판매하고 있는 상품들이다. 벌써 풀릴 때로 풀려 제2의 아류들이 나온 것도 적지 않다.

필기도구로 유명한 몽블랑의 시계

시계는 오프라인에서나 통할 듯한 아이템이었다. 그런데 경쟁력 있는 사입 가격으로 들여와 인터넷에서 팔아 큰 재미를 본 판매자가 있다. 지금은 몽블랑 시계가 많이 알려졌지만 초반에는 일종의 도박과 같았다. 몽블랑은 필기도구로 유명했기 때문이다. 만년필과 볼펜으로 승부하려니 도저히 기존 경쟁자와 가격이 맞지 않아 시계로 밀어붙였는데 이게 통한 것이다. 좋은 가격에 들여와서 높은 마진을 남긴 사례가 됐다.

구찌는 핸드백, 지갑, 신발이 강세인 명품 브랜드다. 지갑 하나라도 매장에서 구입하면 30만 원은 훌쩍 넘긴다. 그런데 10만 원대의 저렴한(?) 상품이 나왔다. 비교적 저렴한 가격으로 인해 연일 매장에서는 품귀 현상을 빚었고 인터넷으로 사람이 몰렸다. 단순히 가죽으로 덮인 것이 전부인 머니클립하나가 10만 원이나 하는 가격이었지만 구하지 못해서 난리였다. 호불호가

가방으로 유명한 구찌의 머니클립

강한 브랜드상품의 특성상 이 머니클럽은 모조품이 아예 없으니 무조건 되는 상품이었다. 먼저 잡는 사람이 무조건 승자가 됐다.

고가의 고급형 오디오 기기로 유명한 뱅앤올룹슨의 이어폰

박태환 선수가 쓰고 나와 유명해진 닥터드레 헤드폰 직전까지 재미를 보던 아이템이 뱅앤올룹슨의 이어폰이다. 물론 아직도 판매량이 꾸준한 상품이다. 본래 뱅앤올룹슨은 미려한 디자인이 돋보이는 음향기기로 유명한 회사다. 전화도 만들고 TV도 판매하지만 이 브랜드는 일반인들이 범접하기엔

부담스러울 정도로 고가상품이다. 스피커 하나에 1천만 원이 훌쩍 넘으니 음향 매니아가 아닌 이상 손이 잘 안 가는 것이 사실이다. 그런데 역시나 저렴한 상품이 나타났다. 바로 30만 원대의 이어폰이다. 당연히 올리는 족족 팔려나가 스테디셀러가 됐다.

손목시계로 유명한 태그호이어의 안경테

　태그호이어는 손목시계로 유명한 곳이다. 그런데 느닷없이 기능성 안경테를 내놓았다. 형상기억합금에 고무를 코팅한 안경다리가 얼굴에 딱 붙는다는 특징을 가진 안경테였다. 코가 납작하거나 격렬한 운동을 즐기는 이에게 안성맞춤이었는데 가격이 만만치 않았다. 10년 전 가격이 30만 원 후반이었으니 말이다. 부담스러운 판매가였지만 오프라인에서 불티나게 팔리나 싶더니 그 기세가 그대로 온라인까지 번졌다. 계속 완판이다 보니 외국까지 원정을 가서 긁어오는 쇼핑몰 운영자도 있었다. 시계를 팔아서 남길 수 있는 돈을 안경테를 팔아서 재미를 본 판매자도 많다. 지금은 풀릴 만큼 풀리고 구매할 만큼 구매했으며 1만 원대의 모조품까지 판을 치고 있지만 태그호이어의 안경테는 안경계의 전설이다.
　스포츠카로 유명한 포르쉐가 디자인한 선글라스와 시계는 인기가 많다.

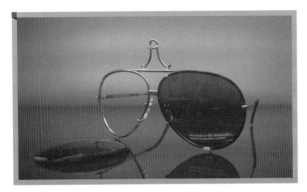

스포츠카로 유명한 포르쉐의 선글라스

고가의 스포츠카 브랜드라는 인식이 있어서 저렴한 편은 아니지만 잘 팔린다. 디자인 성향이 강한 페라리나 람보르기니가 잡화나 향수로 판매상품을 확장했다면 포르쉐는 메커니즘을 전이시켰다. 이 선글라스는 독특하게 렌즈의 탈부착이 가능하다. 명품 선글라스 중에서 이러한 기능성과 브랜드 이질성은 희소성을 가진 것이었다. 역시나 희소한 걸 즐겨찾는 연예인이 방송에 쓰고 나오기도 하며 여러 판매자에게 행복을 안겨줬다.

자동차와 모터사이클 제작으로 유명한 BMW의 붕붕카

100만 원이 훌쩍 넘는 스토케와 부가부 등의 명품 유모차 때문이었을까. 15만 원이 조금 안 되는 저렴한(?) 가격의 붕붕카를 BMW에서 내놓았다. 정식 모델명은 따로 있지만 많은 사람이 'BMW 붕붕카'로 검색을 하여 자동완성어가 됐다. 초반에는 오프라인 매장에서 30만 원 이상으로 판매하여 외면받았지만 국내에서 외제차 판매가 많아지면서 소비자 인식이 바뀌기 시작하더니 명품 유모차가 보급되었고 BMW의 붕붕카 역시 판매가 증가했다.

냄비와 압력솥으로 유명한 휘슬러의 전기레인지

휘슬러는 냄비와 압력솥으로 유명한 독일 회사다. 냄비 하나에 수십만 원이 기본이다. 국을 끓이거나 밥을 해먹을 때 아무 냄비나 쓰면 되지 않나 생각할 수 있겠지만 열전도율이 좋은 냄비를 사용하면 음식 맛이 좋아진다. 고가이지만 혼수용품에 들어가는 등 스테디셀러다. 그런데 이런 냄비 회사가 레인지를 내놓았다. 가스레인지도 아닌 전기레인지라서 의외라던 소비자들의 선입견은 그리 오래가지 않았다. 휘슬러의 전기레인지는 '열전도율 좋은 냄비를 위한 열전도가 확실한 전기레인지'라는 인식이 퍼지며 인기상품이 된 케이스다.

모바일 게임으로 유명한 〈앵그리버드〉 캐릭터의 스피커

　새총에 새를 끼워 넣어 돼지가 있는 집을 무너트리는 모바일 게임인 〈앵그리버드〉. 〈앵그리버드〉의 캐릭터가 귀여워 큰 인기를 끌다 보니 인형이나 색칠공부로 나왔을 뿐만 아니라 지우개, 필통 등 다양한 상품이 끊임없이 쏟아졌다. 그중에서 독특한 아이템은 스피커다. 벽돌 모양의 거치대가 조화를 이루었고, 특히 아이패드의 판매가 높아지자 덩달아 재미를 본 케이스다.

　지금까지의 사례를 보면 느껴지는 부분이 있을 것이다. 브랜드의 콘셉트가 전이될 수 있는 이종상품 추구가 틈새상품 발굴의 기본 법칙이다. 물론 모든 틈새상품이 성공하지는 않는다. 쪽박도 많이 찬다. 결국 중요한 것은 해당 아이템에 대한 지식과 그것을 감별하는 1차 필터링의 역할이며 이것은 온전히 판매자의 연구에 달렸다. 다시 말해 아이템에 대해 아는 만큼 얻는다.

　브랜드 틈새상품 개척의 좋은 점이 몇 가지 더 있다. 우선 스토리텔링의 좋은 '거리'가 된다. 쇼핑몰에 방문한 잠재고객의 클릭을 유도할 수 있기 때문이다. 클릭 한 번은 쇼핑몰 운영자의 제안에 대한 '동의 한 번'이 되며 쇼핑몰 운영자의 제안을 읽고 설득당할 용의가 있다는 뜻이다. 마치 TV에서

스토리텔링 '거리'는 소비자의 호기심을 자극할 수 있고 클릭 한 번을 유도한다
(출처: 텐바이텐)

하는 홈쇼핑 채널을 돌리지 않고 지켜보는 것과 같다.

이렇게 '거리'를 통해 상품 제안을 하자. 몽블랑의 시계가 될 수도 있고 휘슬러의 인버터가 될 수도 있다. 그렇다고 논점에서 벗어나면 절대 안 된다. 사례로 코믹한 설정을 직접 찍어 이야기를 전개하는 개그샷이 있었다. 많은 사람이 읽었고 선풍적인 인기를 끌었다. 그래서 그 트래픽을 활용하려고 쇼핑몰을 병행했으나 문제가 생겼다. 개그샷을 보기는 하지만 구매로 이어지지는 않았던 것이다. 회원가입을 전제조건으로 공개해도 회원 수만 늘뿐이지 매출이 느는 것이 아니었다. 그러니 다음의 세 가지 기준에서 절대 벗어나지 말자.

첫째, 같은 브랜드의 이종상품이다. 몽블랑의 만년필과 몽블랑 시계, 태크호이어 시계와 안경 등이 좋은 예가 된다. 운영자가 주력하는 아이템의 이종상품이기 때문에 발굴하는 것이 어렵지 않다.

둘째, 주력상품의 부록상품이다. 휘슬러 냄비와 휘슬러 인버터, 그리고 아이패드와 〈앵그리버드〉 스피커가 이에 해당된다. 주력상품에 필요한 액세서리이기 때문에 묶음구매도 일어날 수 있다. 역시 아이템 발굴이 어렵지 않다.

셋째, 같은 판매상품 중 특별한 상품이다. BMW 붕붕카와 같이 군계일학의 상품이 해당된다. 프리미엄 상품이니 소비자의 이목을 끌기도 좋다. 구매 여부에 따라 상품성도 시험해볼 수 있다.

그렇다면 쪽박이었던 케이스는 무엇이 있는지도 간단히 알아보자. 브랜드마다 정말 안 팔리는 상품이 있다. 효자상품이 있으면 당연히 불효자상품도 있는 법이다. 본 수입업자가 쉽게 포기하기도 어려워 비교적 좋은 도매가격에 내놓는 경우가 있는데 이걸 덜컥 무는 판매자 많다. 고급 브랜드 상품의 사입 비용이 생각보다 저렴해 판단력이 흐려진 것이다. 구찌는 벨트가 잘 팔리지 않는다. 폴로는 바지가 잘 팔리지 않는다. 불가리는 유독 핸드백이 잘 판매되지 않으며 페라가모도 핸드백에서 별 재미를 보지 못한다. 샤넬의 시계는 초반에 고전하는 듯하다 재미를 보았지만 루이비통 시계는 디자인이 미려함에도 큰 재미를 보지 못했다. 이런 보이지 않는 지뢰는 본능적인 감이 필요하다. 그리고 여기에는 간단한 논리가 있다. 브랜드 가치보다 저가에 데려올 수 있는 아이템이라면 의심을 해보자는 것이다. 그만큼 팔리지 않기 때문에 저렴한 것이다. 좀 더 묵혀두었다가 땡처리로 받을 수 있는 기회를 노려보는 것이 더 현명하다.

■ 브랜드 땡처리에도 윗물과 아랫물이 있다

저렴한 가격에 대량으로 넘기는 고급 브랜드나 유명 브랜드의 '땡상품'은 잡는 만큼 돈을 벌 수 있다. 고급 브랜드의 땡상품이 좋은 이유는 일단 가격이 저렴하다고 생각하여 구입하는 소비자의 구매 습성 때문이다. 망하는 아이템으로 악명 높은 구찌 벨트도 땡시장에서는 귀한 대접을 받는다. 땡은 여러 경로로 나오지만 대개 크게 물었다가 악성재고가 된 상품이 있는 도매상이나 수입상, 망한 오프라인 매장, 외국 현지에서 푹 삭힌 상품이다. 기본이 두세 배 마진이며 운이 좋으면 10배가 넘는 마진을 챙길 수 있어 확실히 보장된 대박 아이템이다.

그러나 여기에도 철칙이 있다. 땡으로 받은 상품을 다시 땡으로 받으면 재미 보기가 어렵다. 이를 '본땡', '원땡', '일땡' 등으로 부르는데 최초 땡이 최고로 좋다는 말이다. 땡상품이 풀리면 일단 상태 좋은 상품들부터 재빠르게 판매되기 시작한다. 우선 인기상품부터 빠진 후 고만고만한 상품이 불규칙적으로 판매되면서 구성이 깨진다. 이때부터 원땡업자는 다시 땡을 치기 시작한다. 이미 재미를 볼 만큼 보았으니 자신이 받은 가격에 내놓거나 마진을 조금 남기고 내놓거나 한다.

이러한 미끼를 덜컥 무는 무리가 있는데 그중 하나가 초보 쇼핑몰 운영자다. 싸게 사서 좋아하다가 팔리지 않아서 슬퍼한다. 그러니 땡상품을 선택할 때는 원땡에 가까운지 아닌지를 확인해야 한다. 방법은 간단하다. 모델이 어지럽게 섞여 있고 재고가 불규칙하거나 되팔기 어려운 구성으로 되어 있다면 이미 팔릴 만큼 팔린 땡상품이라는 뜻이다. 땡을 땡치는 도매상은 인터넷 카페나 도매 전문 사이트에서 쉽게 볼 수 있다. 초반에 카페와 도매 사이트 가입을 통해 감을 익히는 게 중요하다.

쇼핑몰 성공 확률은 시행착오가 반복될수록 높아진다

아무런 판매도 해보지 않은 채 무턱대고 쇼핑몰부터 시작하는 운영자가 많다. 판매 경험 하나도 없이 쇼핑몰을 시작하는 건 매우 위험하다. 대개 쇼핑몰을 시작한다고 하면 아이템을 열심히 발굴하고 이거다 싶으면 돈을 아끼지 않고 물품을 구입한다. 하지만 명심할 점은 아이템마다 시기가 있다는 것이다. 우리나라는 사계절이 있기 때문에 소비성향이 변덕스러운 편이다. 그래서 몇백만 원을 넘게 썼다고 해도 시기를 놓쳐 악성재고를 만드는 운영자가 대부분이다. 판매가 되지 않으니 돈이 돌지 않고 광고비도 갈수록 부담된다.

자신의 아이템이 아무리 시장성이 있고 감이 좋다고 해도 이것은 어디까지나 공급자의 논리일 뿐이다. 판매가 잘될지 안 될지는 시장만이 안다. 비용을 최소화하며 시행착오를 겪어보는 경험도 중요하기 때문에 쇼핑몰에 진입하기 전 오픈마켓에서 판매 경험을 쌓는 게 좋다. 쇼핑몰과 오픈마켓은 소비성향이 달라서 운영하는 방법도 다르다. 오픈마켓의 장점을 살펴보도록 하자.

첫째, 오픈마켓도 사업자 등록, 통신판매허가 등 기본적인 준비를 해야 한다. 오픈마켓에서 판매한다고 특별히 다른 절차가 있는 것은 아니다. 쇼핑몰과 똑같은 절차를 거치지만 판매 루트가 다를 뿐이다. 쇼핑몰을 구축하려면 홈페이지 디자인도 해야 하고 상세설명도 올려야 하며 광고 마케팅도 해야 한다. 오픈마켓과 다른 점이 있다면 광고와 홍보 방식이 복잡하다는 것과 쇼핑몰이 있고 없고의 차이다. 일단 오픈마켓에서 판매 경험을 쌓으면 쇼핑몰 구축 비용을 생략한 상태로 시작할 수 있다.

둘째, 오픈마켓의 소비자는 뜨내기가 많다. 쇼핑몰은 판매 아이템을 결정하여 한번 구축하면 방향을 틀 수 없지만 오픈마켓은 그렇지 않다. 다양한 아이템을 시험해볼 수 있다. 설령 아이템이 실패해도 쇼핑몰과 달리 소비자에게는 전혀 기억되지 않는다. A가 팔리지 않으면 카테고리가 다른 B를 판매해도 문제없다. 즉 다양한 카테고리를 경험해보고 자신과 맞는 아이템 궁합을 확인해볼 수 있다는 뜻이다. 낱개도매로 시작할 수 있으니 부담도 없고 실패한 아이템이다 싶으면 재빠르게 가격을 쳐서 처분할 수 있으니 손실도 최소화할 수 있으며 돈의 순환도 빠른 편이다. 악성재고를 만들기 쉬운 쇼핑몰보다 효율적이다.

셋째, 자신을 감출 수 있다. 쉽게 기억하지 못하는 오픈마켓 판매자 아이디가 오히려 장점이 된다. 오픈마켓에서는 쇼핑몰 이름을 숨기고 있다가 자잘한 시행착오를 거치고 어느 정도 경험이 쌓여 판매 노하우가 만들어졌을 때 쇼핑몰을 구축해도 전혀 문제가 되지 않는다. 이미 만들어진 판매 루트는 그대로 활용하고 쇼핑몰을 특화시키는 방법이다. 번거로운 점은 오픈마켓 아이템과 겹치는 타이밍을 잘 보아야 한다는 것인데 초반 쇼핑몰을 병행할 때는 소비자가 이를 인식하는 확률이 매우 떨어진다. 그러므로 '오픈마켓 판매자＝쇼핑몰 운영자＝떨어지는 품격'은 초반 운영자가 걱정할 일이 아니다.

넷째, 악성재고를 팔 수 있는 좋은 채널이 된다. 지금의 오픈마켓은 가격 경쟁력 없이는 결코 판매가 수월하지 않다. 그럼에도 마진을 남기면서 판매를 한다면 그만큼의 노하우가 만들어졌다고 볼 수 있으니 쇼핑몰 운영도 편안한 마음으로 시작할 수 있다.

하지만 오픈마켓에서 판매량이 많아지면 쇼핑몰 운영은 적응을 못하는 사례가 많다. 이는 간편하게 판매하는 방법에 너무 길들여져 있기 때문이다. 오픈마켓은 상시 트래픽이 워낙 많기 때문에 쇼핑몰 홍보와는 그 색이 다르다. 일단 아이템이 좋다면 키워드 구성이 엉성해도 오픈마켓 소비자들은 귀신같이 알고 산다. 반면 쇼핑몰은 홍보와 마케팅을 고민하며 다양한 방법으로 소비자들을 자신의 쇼핑몰로 데려와야 한다. 그리고 나서야 좋은 아이템인지 아닌지를 알 수 있다. 오픈마켓은 무조건 많은 이에게 상품을 보여야 하는 '질보다 양이 우선인 소비자'라면 쇼핑몰은 한 번 들어와도 구매할 확률이 높은 '양보다 질이 우선인 소비자'이다.

당연히 구매전환율도 오픈마켓에 비해 쇼핑몰이 낮을 수밖에 없다. 대신 질 좋은 소비자는 재구매 확률이 높다. 또한 관리를 잘한다면 충성고객이 될 수 있으며 동시에 이탈도 적은 편이다. 이는 시장이 경직되면 뚜렷하게 나타난다. 이때 오픈마켓 판매자는 시름시름 앓지만 쇼핑몰 운영자는 단골손님의 구매로 꾸준하게 매출을 내는 경우가 많다. 대신 키워드로 좋은 아이템을 덜렁 올리는 오픈마켓에 비해 쇼핑몰은 반응이 느리고 매출이 어느 정도에 이르기까지 꾸준히 운영해야 한다. 그만큼 강한 정신노동 때문에 지치기 쉽다.

빠른 돈 순환에 익숙해진 오픈마켓 판매자는 '쇼핑몰은 안 된다'며 쉽게 포기하는 경향이 많다. 쇼핑몰을 오픈마켓 방식으로 운영하면 컵라면 먹는 습관으로 짬뽕을 조리해 먹는 것과 같다. 컵라면은 물만 붓고 먹으면 되지만 짬뽕은 야채와 고기를 칼질해 볶고, 국물을 우리고, 면도 따로 뽑아야 한다. 컵라면 먹는 입장에서는 유독 번거롭고 느린 일이지만 짬뽕 먹는 입장에서는 너무나 당연한 순서다.

하지만 쇼핑몰 운영이 손에 붙고 판매가 이원화되면 오픈마켓의 판매방식을 바꿀 때가 오는데 평균적으로 보면 쇼핑몰 매출이 오픈마켓 매출을 상회하는 순간이다. 둘 다 잘 팔리니 하나를 포기하는 기분이 들 수 있다. 쉽지 않은 결정이다. 철저하게 오픈마켓과 쇼핑몰을 따로 운영할 수 없다면 과감히 오픈마켓과 쇼핑몰의 판매 아이템 색을 구분하자.

가장 바람직한 것은 재고를 처리할 때 오픈마켓을 활용하는 방식이다. 쇼핑몰 내에서 잦은 할인은 좋지 않다. 가격의 충성도가 낮아질 뿐만 아니라 소비자들에게 질 낮은 상품, 팔리지 않는 상품이라는 오해를 살 수 있다. 차라리 단골들에게 후한 인심을 쓰거나 증정 이벤트를 화끈하게 밀고, 그래도 남는 재고는 오픈마켓에서 처분하는 것이 좋다.

몇 가지 주의점도 살펴보도록 하자.

첫째, 오픈마켓의 고객 데이터가 아깝다는 생각은 금물이다. 판매량이 많아지고 그만큼 고객 데이터가 늘어나 두툼해지면 홍보자료로 쓰면 어떨까 하는 유혹이 생길 수 있다. 그래서 문자도 보내고 우편도 보내지만 기대만큼의 효과가 없다. 필자도 이전에 쇼핑몰을 오픈했다는 홍보자료를 만들어 일일이 편지로 동봉해서 보냈던 적이 있다. 우표가 붙어 있으니 확실하게 전달은 되었지만 그게 끝이었다. 5년 전 상황이 이랬는데 지금은 더 하지 않을까? 오히려 항의와 분쟁이 생기기 쉽다. 굳이 데이터를 쓰겠다면 단골고객을 추려서 관리를 하고 쇼핑몰로 유입시키는 게 좋다. 양 속에서 좋은 질을 찾아 적중률을 높이는 방법이다. 오픈마켓 단골은 쇼핑몰 단골로 전이될 확률이 크다. 뜨내기 판매자가 많은 오픈마켓의 특성상 특정 판매자에게 계속 구매한다는 것은 충성도가 매우 높다는 것을 말해주기 때문이다. 오히려 소비자가 판매자에게 쇼핑몰 개설 여부를 묻는 일도 있다.

둘째, 오픈마켓과 쇼핑몰의 아이템이 절대 겹치지 말아야 한다. 초반에는 가격이 좀 다르고 이미지가 겹쳐도 문제가 되지 않지만 쇼핑몰 매출이 많아지면 딜레마로 돌아온다. 이미 오픈마켓은 개인 쇼핑몰로 소비자를 빼앗기지 않기 위해 다양한 대비책을 세웠다. 일단 기본적으로 가격 할인을 시작한다. 포인트는 물론이고 무이자 할부에 굵직한 쿠폰도 증정한다. 몇백 원 차이로도 다른 판매자의 물품을 사는데 몇천 원 쿠폰은 대단한 위력을 발휘한다. 또한 교환과 반품이 간단하다는 장점이 있다. 판매자가 전화를 받지 않거나 말이 안 통하면 고객센터로 전화하면 된다. 이런 기본적인 보장이 있기 때문에 오픈마켓 소비자가 쇼핑몰 소비자로 쉽게 변신하는 건 옛일이 되었다. 그리고 판매 아이템이 겹치면 소비자는 오픈마켓에서 물품을 구매하는 습성이 있다. 오픈마켓에서는 구매하는 만큼 혜택을 주기 때문이다.

오픈마켓은 쇼핑몰 운영의 축소판이다. 단지 쇼핑몰이 없고 광고와 홍보 방법이 틀릴 뿐이지 겪는 과정은 거의 동일하다. 무리 없는 비용으로 시행착오를 경험할 수 있는 좋은 시작점이다. 시작이 좋으면 끝도 좋다. 쇼핑몰 운영은 자잘한 상처가 많을수록 내공을 키우고 달콤한 열매를 자주 딸 수 있다. 감각을 키우기 위한 시행착오는 피와 살이 되지만 경험이 없는 큰 상처는 곧바로 죽을 병이 된다.

Chapter 3

콘텐츠 UX:
소비자와 소통하라

shopping mall
UX

소비자와의 유일한 판매 소통은 사진!

필자가 아무것도 모르고 인터넷 판매를 시작했을 때는 모든 것이 시행착오의 연속이고 시간 낭비의 반복이었다. 초반 상품사진은 얼굴이 화끈거릴 정도로 질이 좋지 못했다. 지금이야 DSLR을 들고 촬영하는 사람이 많지만 당시 반자동 카메라는 엄청난 사치였다. 그래도 사진을 찍어야 했기 때문에 300만 화소의 똑딱이 카메라를 구매했다.

사진도 참 무식하게 찍었다. 배경화면, 스트로브 등 촬영부자재 가격도 만만치 않아 스티로폼과 화이트보드 두 장을 겹쳐서 찍었다. 그래서 초반의 모든 사진은 제품의 중간 부분에 갈라진 틈이 항상 보였다. 여기서 그치지 않고 제품의 색이 밝은 경우에는 화이트보드와 분간이 명확하게 되지 않았고 그렇지 않아도 사진을 찍으면 누렇게 떠서 지저분하게 보이는데 하얀 배경에 하얀 상품을 올려놓으면 영락없이 중고품으로 보였다. 결국 대책이라고 생각한 것이 사무실에 있던 검은 소파였다. 대비되는 효과만 있으면 된다는 정말 무식하고도 단순한 발상에서 착안한 것이었다. 앉은 자리가 푹 눌려 있는 변변치 못한 소파에 제품을 덜렁 올려놓고 찍었다.

조명도 없었다. 실내에서 찍으니 당연히 형광등이 제품에 반사되어 찍혔고 플래시를 터트리면 영락없이 번개맨 상품이 되어 차마 그 사진을 올릴 수 없었다. 그래서 어쩔 수 없이 플래시를 안 터트리고 찍었고 삼발이가 없어 각도도 제대로 나오지 않았다. 최악은 사무실 벽을 배경으로 하고 책상 위에서 찍은 것이다. 누가 보면 차라리 전문가에게 맡기라고 했을지 모르나 상품사진을 한 장 찍고 보정하는데 필요한 그 가격을 감당할 수 없었다. 그래서 모든 상품을 직접 촬영했고 직원도 채용하지 못했다. 같이 일하는 친구는 사입해오는 일에 집중하고 있을 때였다.

그런데 놀라운 것은 그해 4개월 동안 5천만 원 정도를 판매했다는 것이다. 이듬해는 3억 원을 넘겼고 또 이듬해에는 10억 원을 넘겼다. 판매가 잘될수록 당연히 사진이 잘 나올 수 있게끔 많은 노력을 했다. 못 찍는 사진으로 계속 승부수를 던졌다면 매출이 이듬해로 절대 이어가지 못했을 것이다.

여기서 진심으로 강조하고 싶은 것이 있다. 초반에는 상품사진을 꼭 쇼핑몰 운영자가 찍어야 한다는 것이다. 그렇지 않으면 쇼핑몰을 접어야 한다. 그 이유를 알아보자.

■ 상품 사입은 직접 하고 촬영은 맡긴다?

상품의 전달력은 순전히 촬영의 몫이다. 어떤 상품을 사입할 것인지 고민하고 선택한 이가 해야 할 일이다. 어떻게 코디할 것인지, 어디에 매칭하고 소비자에게는 어떤 구성으로 제안할 것인지, 구색상품은 무엇이며 주력으로 밀려고 하는 기대주는 무엇인지까지 모든 상품의 정보가 물품을 사입한 사람의 머릿속에 담겨져 있다. 당연히 그 아이디어는 사입한 상품을 통해 상품촬영이라는 상품의 표현에 담겨 있어야 한다. 하지만 포토그래퍼에게는 그런 배경환경이 없다. 촬영에는 전문가일지 몰라도 쇼핑몰 운영자의 상품에 대한 마음을 온전히 표현해낼 수는 없다.

초반에는 촬영한 사진의 퀄리티가 떨어질 수밖에 없다. 그러나 계속 찍어라. 필자도 마찬가지였다. 신발을 찍으면 대각선, 옆모습, 뒷모습, 앞모습에서 넘어서질 못했다. 이 이상 무엇을 어떻게 해야 하는지 도통 머릿속에 떠

오르지 않았다. 그래서 초반 모든 상품의 컷수는 10장을 넘기지 못했다. 부끄럽지만 사진의 구성이 단순하다는 친구의 지적에 혼자 속상해했던 적이 있을 정도였다.

당시 사진 한 장을 더 추가한다는 것은 보통 고역이 아니었는데 그 원인은 포토샵이었다. 어깨 너머로 배운다고 했지만 어설프게 배운 탓에 5분도 안 되는 작업을 밤새서 한 적도 있다. 하얀 배경 만든다고 일일이 화면을 밀어냈을 정도다. 무식하기 짝이 없었다. 그럼에도 계속 촬영을 하다 보니 늘어나는 사진을 감당할 수는 없었지만 연신 사진을 찍고 있는 자신을 발견하게 되었다. 찍어놓은 사진이 마음에 들지 않으면 다시 처음부터 촬영한 적도 많다. 같은 각도이지만 대여섯 컷은 기본이었다. 필자도 모르게 근접해서 촬영할 부분과 그렇지 않을 부분을 추려내기 시작하고 재질감과 색감을 온전

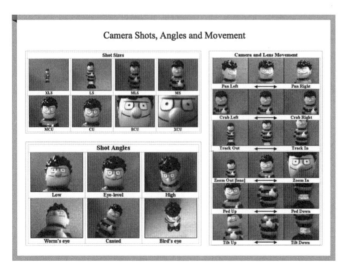

다양한 촬영각도는 상품촬영의 기초이다
(출처: Ryan Mills A2 Blog)

평범한 촬영은 평범한 상품사진이 된다.
(출처: 황토발)

히 사진으로 표현하기 위해 며칠을 같은 부분만 찍기도 했다.

조금씩 촬영에 익숙해질수록 촬영각도를 조금만 틀어도 전혀 다른 느낌이 드는 사진을 발견하기 시작했는데 그 기분이 오묘했다. 그리고 조명의 필요성을 느껴 구해 온 것이 철물점에서 판매하는 야간공사용 조명이었다. 조명을 사 왔다고 좋아하며 조명을 이리저리 비추어보고 반사시키며 촬영을 계속했다. 그러다 보니 상품은 몇 개 되지 않는데 사진은 수백 장을 넘기는 일이 허다했다. 브랜드에서는 어떻게 찍었는지 여기저기 돌아다니며 따라 하기 위해 노력했다. 지금은 말도 안 되지만 스튜디오에서 찍는 걸 그대로 따라 하려고 노력했다.

촬영각도가 조금만 달라져도 다양한 느낌을 보여줄 수 있다
(출처: 비.프로제또)

사진에 대해서 잘 모르고 시작했지만 어느 정도 시기가 지나면서 상품촬영에 대한 철칙을 정한 것이 하나 있다. 제품 그 자체로의 철저한 상업용 사진을 찍자. 그 이유가 있다. 다른 날과 마찬가지로 상품사진을 찍고 있던 어느 날 같은 구도가 지켜워졌다. 그래서 상품과의 거리나 각도, 설정 등 독특하다고 생각되는 구도로 구성해봤다. 나름 획기적인 설정이라고 생각하고 재배치를 하며 상세설명을 편집했다. 그리고 동업하던 친구에게 자랑스레 말했다. 기대해도 좋을 것이라고 말이다. 그런데 돌아온 답은 "너 신발 가지고 예술하는 거야?" 나름 기발한 아이디어였고 지기 싫었던 필자는 상세설명을 바꾸지 않고 그대로 올렸다. 친구에 이어 이번에는 소비자가 외면했다. 평상 시 구매율보다 떨어졌던 것이다.

상업을 목적으로 하는 상품의 사진은 상품 그 자체의 전달이 최우선이다. 누구나 아는 브랜드라면 콘셉트의 전달이 중요하기 때문에 예술사진이 용납

되고 관심받을 수 있지만 쇼핑몰 운영자는 첫째도 판매, 둘째도 판매, 셋째도 판매이다. 이것을 꼭 명심해야 한다. 설정에 욕심을 내지 않고 상품에만 전념해서 찍어야 한다. 그래야만 상품의 전달력을 극대화할 수 있으며 그 상품을 왜 판매하려고 하는지 충실하게 표현할 수 있다. 관계 없는 사람이 보면 그게 그 사진이지만 상품을 구매하려는 사람에게는 다르게 보인다는 것을 항상 명심하자.

그렇다면 소비자가 원하는 상품사진은 무엇인가. 답은 너무 간단하다. 이미지만으로도 구매를 결정할 수 있는 정확한 전달력이다. 그 전달력은 온전히 그 상품과 동질화된 사람으로부터 시작되어야 효과가 극대화된다. 당신은 매출을 원하는가 아니면 감상을 원하는가.

■ 대박 쇼핑몰의 사진을 참고하고 기본적인 촬영 비법을 익히자

항상 혼자 찍기만 하면 안 된다. 기준이 없어지기 때문이다. 소를 찍었다고 생각했는데 남이 보니 들소라고 하면 소를 들소로 파는 꼴이 된다. 잘되는

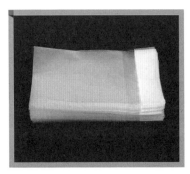

평범하게 촬영한 쿠키 봉투
(출처: 볼트몰)

같은 쿠키 봉투라도 다양한 시도로 다른 느낌을 줄 수 있다
(출처: 네모를 부탁해!)

쇼핑몰을 봐야 한다. 상업적으로 성공한 대박 쇼핑몰만 골라보자. 상품의 순환이 빠르고 엄청난 양을 찍는 쇼핑몰일수록 더욱 좋다. 왜 그 구도를 찍었는지 따라 찍으며 그 이유를 생각해야 한다. 어느 부분에서 상품을 강조하는지 파악하고 왜 그 부분에 비중을 크게 두었는지도 곰곰이 생각해보자. 그대로 따라서 편집해보는 것도 좋은 방법인데 여기에는 한 가지 중요한 조건이 있다. '나라면 이렇게 했을 텐데'라며 끊임없이 생각하고 느끼며 자신만의 표현을 만들어 개선해나가는 것이다.

그리고 촬영 비법을 알아야 한다. 사진촬영 기술 그 자체에 많은 부담을 느끼곤 하는데 전혀 걱정할 필요가 없다. 요즘 사진에 대해 속성 교육이나 기초 교육이라고 해서 다양한 교육이 있다. 화이트 밸런스나 셔터 스피드 등 전문용어에 긴장하지 말자. 개념만 알고 있으면 된다. 이렇게 촬영을 반복하면 내 눈이 알아서 내가 필요한 전문 기술을 원하게 된다. 그때 가서 심층적으로 연구해도 전혀 늦지 않다. 그리고 요즘은 똑딱이 카메라도 굉장한 성능을 자랑한다. 여전히 똑딱이 카메라로 찍어서 성공하는 사람이 많다.

여기서 잠깐 쇼핑몰 운영자에게 촬영각도에 제한이 없는 카메라를 적극적으로 권하는 바이다. 대부분의 카메라는 눈앞에서 찍는 것이 많다. 게다가 DSLR은 눈을 붙이고 찍어야 하기 때문에 각도에 따라 찍으려면 국민체조가 따로 없다. 어쩔 때는 요가를 하는 건지 헷갈릴 정도로 촬영할 때 괴상한 포즈가 나온다. 이런 각도의 한계를 반영한 것이 뷰어를 자유롭게 꺾고 돌리고 뒤집어서 찍을 수 있는 디지털카메라다. 이런 방식의 카메라를 구입하면 더 많은 촬영각도가 보장되어 좋다. 똑딱이도 있고 DSLR도 있으니 주머니 사정에 따라 자신에게 맞는 종류를 결정하면 된다.

■ 모든 시행착오는 당신만의 촬영 노하우가 된다

사진만 찍는다고 되는 것은 아니다. 잘되는 쇼핑몰의 촬영 패턴과 나의 패턴을 절묘하게 조화시켜야 한다. 같은 카메라로 찍지만 이런 경험으로 인해 다양한 상품사진이 쏟아진다. 이 경험은 계속 반복되며, 영역이 넓어지면 상품을 사입할 때 상품별로 어떻게 촬영하면 되겠다는 콘티도 병행되기 시작한다. 실물은 예쁘지만 사진의 느낌이 살지 않을 것 같은 상품의 대책이 머릿속에서 정리되고 사진만 예쁘게 나올 것 같은 반품 후보용 상품도 추려낼 수 있다. 사입할 때 손끝으로 느껴지는 것이 재질에 따라, 디자인에 따라, 콘셉트에 따라, 구성에 따라서 그대로 카메라 셔터로 이어진다. 이래도 초반에 다른 이에게 촬영을 맡기겠는가? 촬영을 맡기는 시기는 사진 한 컷을 봐도

전형적인 의류 쇼핑몰의 상품사진
(출처: 오가게)

어떻게 찍어달라는 요구를 할 수 있을 때 해야 한다.

처음에는 상품 자체를 찍을 것을 권유한다. 촬영할 수 있는 각도, 여건 등이 접시에 고인 물과 같이 제한적이기 때문에 마른 걸레 쥐어짜듯이 고민하며 찍게 될 것이다. 하지만 이런 고민이 반복되면 콘셉트가 떠오른다.

그 후에 야외촬영을 나가자. 물 만난 고기처럼 카메라 셔터를 누르며 다양한 각도를 시도하는 자신을 발견하게 될 것이다. 이러한 과정의 반복은 상품촬영이 예술이 아닌 상품화를 위한 설정이 되고 소비자가 느끼는 감칠맛의 시작이 된다. 그 감칠맛이 소비자로 하여금 돈을 쓰게 한다. 물론 야외촬영은 실내촬영과 개념이 많이 다르다. 하지만 기준만 명확하다면 걱정할 것 없다. 그 시행착오는 당신의 촬영 노하우가 된다.

어느 운영자는 이미 성공할 만큼 성공했지만 상품촬영만큼은 꼭 따라나간다고 한다. 이미 쇼핑몰 자체의 포토그래퍼가 있지만 함께 다니며 자신도

쇼핑몰 오가게와 같은 모델이지만 촬영 장소와 방법에 따라 다른 느낌을 연출할 수 있다
(출처: 디그)

촬영한다. 귀찮을 수도 있는데 굳이 직접 하는 이유는 상품 전달력이란 상품을 직접 사입한 자신에게서 가장 잘 나온다는 것을 알기 때문은 아닐까. 판매상품은 절대 말로 표현할 수 없다. 사진으로만 표현될 뿐이고 소비자도 사진으로만 구매를 결정한다.

■ 아이디어를 잘 표현한 사진, 편집도 중요! 그런데 비싼 포토샵이 문제네?

글을 맛깔나게 쓰는 사람을 두고 필력이 좋다고 한다. 같은 한글이지만 누구는 어색하고 누구는 베스트셀러 작가로 정평이 난다. 사진도 마찬가지다. 상품을 맛깔나게 찍고 표현에 충실한 사진이 나오면 이를 배열하고 편집하는 요령도 매우 중요하다. 그렇기 때문에 쇼핑몰 운영 초반에는 사진촬영뿐만 아니라 포토샵 작업도 직접 하는 게 좋다. 앞에서도 언급했지만 촬영의 설정이 그대로 상세설명의 뼈대로 만들어지기 때문이다.

사진의 특성상 쇼핑몰 상품사진은 후작업이 상당히 많다. 필요 없는 부분은 잘라내고 색감도 후보정을 해야 하며 집중할 부분은 별도의 편집이 필요하다. 또한 각각의 촬영사진을 편집하여 전달이 잘될 수 있도록 재배열하는 과정도 거쳐야 하고 소비자가 쇼핑몰 내에서 상품을 쉽게 볼 수 있도록 사진 용량을 가볍게 해야 한다. 부분마다 적절하게 또는 상세한 설명을 덧붙여야 함은 물론이다. 콘셉트를 가지고 촬영한 담당자가 상세설명의 편집을 해야 하는 이유가 여기에 있다.

이러한 작업을 위해서 반드시 습득해야 하는 것이 바로 포토샵 기술이다. 문제는 이 프로그램의 가격이 만만치 않다는 것이다. 가격은 부담되고 도처에서 쉽게 해적판을 구할 수 있으니 많은 쇼핑몰 운영자가 알음알음 구해서 쓰는데 이게 또 문제다. 한미 FTA로 인해 2011년 12월 개정되어 2012년 3월 발효된 저작권법 탓에 불법 프로그램에 대한 단속이 강화되었다. 쇼핑몰의 특성상 반드시 포토샵이 필요하다. 이런 작업을 대행하는 촬영사진 편집 서비스를 제공하는 업체도 있으나 비용을 지불해야 하기 때문에 부담이 될 수 있다.

여기에서 선택을 해야 한다. 단속의 위험을 무릅쓰고 해적판을 사용하거나 그렇지 않으면 100만 원을 호가하는 정품을 구입해야 한다. 그리고 포토샵을 활용하기 위한 기술을 교육을 통해 배우거나 관련 서적을 통해 독학해야만 한다. 하지만 쇼핑몰을 운영한다면 잘 알겠지만 포토샵의 다양한 기능 중에서 주 기능은 10개를 벗어나지 않는다. 좀 더 많이 쓰면 20개까지도 활용하지만 이는 꾸준히 오랫동안 운영하는 단계에서나 그렇다.

포토샵의 주요 기능을 모아놓은 무료 이미지 편집 프로그램 포토스케이프

　어쨌든 포토샵 기능을 습득하려면 돈과 시간을 투자해야 한다. 한정된 자본으로 시작하는 다수의 쇼핑몰 운영자에게는 무시 못할 부분이다. 하지만 포토샵 대신 쓸 만한 괜찮은 프로그램이 있다. 포토샵에서 주로 활용되는 기능을 모아 구현한 무료 프로그램으로 정말 돈 하나 들이지 않고 활용할 수 있으며 비용적인 면에서 매우 유익하다. 그리고 장소의 제한도 없다. 언제 어디서나 프로그램을 다운받아 사용할 수 있기 때문에 급하게 편집을 해야 할 때 PC방에서도 금방 편집할 수 있다.

　그 프로그램은 바로 포토스케이프다. 사용방법도 복잡하지 않아 간단한 교육을 받거나 관련 서적을 활용하면 금방 편리하게 쓸 수 있다. 프로그램은 포털 사이트를 검색하면 다운받을 수 있다. 필자가 몇 번의 이미지를 편집해 본 결과 전혀 어렵거나 까다롭지 않았다. 무엇이든 초반에는 손에 익숙해지는 과정이 필요하니 그 과정만 넘어서면 가장 중심적인 기능들을 활용하여 사진 편집에 매우 유용하게 활용할 수 있다는 생각이 든다.

포토스케이프의 기능을 습득했다면 사진 편집을 시도해보자. 사진을 촬영하는 것도 시간이 오래 걸리지만 편집도 만만치 않다. 쇼핑몰 운영자에게 시간은 돈이다. 편집하는 시간이 줄어들수록, 그리고 구매 전환 노하우가 손에 익을수록 매출은 비례한다. 업데이트 속도가 빠른 것은 물론이고 다양한 편집 시도를 통해 자신만의 상세설명을 구성하는 능력을 기를 수 있다.

간혹 사진에서 결벽증을 호소하듯이 새하얗게 보정하는 것에 예민한 사람도 있다. 종합적인 코디를 제안하기 위해 촬영된 사진을 상세설명에 오려 붙이는 경우라면 필요할 수 있다. 또는 액세서리나 향수, 우산 등도 상품의 깨끗한 이미지를 전달할 때 중요한 요소이기도 하다. 그러나 배경을 하얗게 하는 과정은 적지 않은 시간을 투자해야 한다. 이럴 바에는 차라리 자연스러운 사진을 보여주는 편집이 더 효율적이다. 우리는 잡지 발행자가 아니다. 패션잡지는 사진에 그림자나 얼룩이 있으면 치명적이지만 쇼핑몰은 그렇지 않다. 그러므로 자연스러운 그림자를 통해 상품의 정확한 샷을 전달하는 게 우선이다.

그리고 잘되는 상품인지 안 되는 상품인지 소비자의 반응을 빨리 알아차리는 게 정말 중요하다. 머천다이징merchandising(상품화 계획 또는 상품 기획) 속도가 빠르면 빨라질수록 나만의 쇼핑몰 UX로 이어진다.

02 전문화할 수 있는 아이템을 발견했다면 그다음은?

쇼핑몰 UX는 다양한 영역에서 나온다. 소비자는 어느 특정 부분에서 새로

단순한 쇼핑몰 디자인은 이목을 끌지 못한다
(출처: 토니로드)

운 경험을 하게 되는 것이 아니라 복합적인 구성에서 감칠맛을 느낀다. 쇼핑몰 운영자가 전문화할 수 있는 아이템을 준비했다면 그다음으로 준비해야 할 것은 해당상품을 판매할 창구인 쇼핑몰 그 자체가 된다. 이상하게도 쇼핑몰을 시작하는 대다수 운영자는 쇼핑몰 디자인 비용을 최우선으로 고려한다. 말 그대로 최소의 비용으로 최대의 효과를 보고자 하는 것이다. 쇼핑몰 디자인은 상품의 전달 통로로만 생각할 수도 있는데 이는 정말 큰 오산이다.

오프라인 매장을 보자. 인테리어에 유난히 신경을 쓰는 매장이 있다. 상품 자체로만 소비자에게 승부를 보면 될 것 같은데 조명, 직원의 응대, 상품의 진열, 진열장, 바닥재, 간판에 이르기까지 돈이 허락하는 한 최대한 디자인에 투자했다. 식당은 아무리 허름해도 맛이 좋으면 괜찮지만 상품을 판매하는 곳은 다르다. 상품 자체로 끝나는 것이 아니기 때문이다. 지하철이나 길거리에서 간간히 보는 땡처리 전문점들이 연일 승승장구해야 하지만 그렇지 않은 모습을 보면 알 수 있다.

쇼핑몰이 오프라인 매장 구축 비용에 비해 저렴한 것은 사실이다. 아니, 아주 많이 저렴하다. 혹자는 인터넷 쇼핑몰 구축 비용이 저렴해서 오프라인이 힘들다고도 한다. 하지만 여기에는 큰 착각이 있다. 쇼핑몰 구축 비용은 오프라인에 비해 저렴한 것이지 절대 싸게 하는 것이 아니라는 점이다.

초보 쇼핑몰 운영자들에게 기막힌 암묵의 법칙이 있는데 쇼핑몰 디자인은 거기서 거기라는 것이다. 메뉴의 구성이나 상품의 배치, 게시판의 위치, 그리고 배송정보란, 무통장입금란과 팝업창의 위치까지 약속이나 한 것처럼 배치가 비슷하다.

반대로 여러분이 인터넷 쇼핑할 때를 보자. 검색을 해서 들어갔더니 별다른 특징이 없다. 그냥 어디서나 접하는 전형적인 디자인이다. 당신은 얼마나 그 창을 유지하는가? 대부분 그냥 커서를 엑스박스로 옮길 것이며 이 수치는 무려 90%가 넘는다. 열 개 쇼핑몰을 방문하면 아홉 개는 기억에 남지 않는다는 말이다. 그렇다면 쇼핑몰 디자인을 단지 비용을 아끼기 위해 값싼 가격에 구축한 당신의 쇼핑몰은 일단 1~2초 내로 닫힐 확률이 90%가 된다. 애써 광고 비용 써가며 유도한 잠재고객을 그렇게 빨리 내보낼 이유가 있을까? 이런 이유에서 쇼핑몰 디자인은 순간적으로 이목을 끌 수 있는 독특함이 있어야 한다. 결국 쇼핑몰 디자인도 UX가 굉장히 중요하다.

■ 다양한 구경거리를 제공하라

전문화할 수 있는 아이템을 결정했다면 이를 소비자의 눈에 한눈에 전달할 수 있는 디자인을 열심히 고민해야 한다. 그런데 이상하게도 쇼핑몰 디자인 때문에 골머리를 앓는 운영자는 보기 드물다. 아니, 아직까지 본 적이 없다고 하는 게 맞을 것이다.

초반에는 상품의 구성이 초라할 수밖에 없는데 이를 풍부하게 보이고 상품의 제안에서 전문가의 손길이 느껴지는 디자인을 구성해야 한다. 그러기 위해서는 기존에 있던 쇼핑몰은 물론이고 대상과 종류를 가리지 않고 눈에 들어오는 모든 홈페이지를 참고해야 한다. 여기서 간과하면 안 되는 것이 있는데 쇼핑몰은 기능적 콘셉트가 중요하며 개념적 콘셉트는 금물이라는 것이다. 방문하는 목적이 뚜렷한 소비자를 대상으로 하면서 쇼핑몰 디자인에 예술을 가미하면 안 된다. 앞에서도 말했듯이 단일 카테고리의 품목으로 전문화하고 집중해야 한다.

이어폰을 주력으로 판매하는 자운드zound.co.kr의 구성을 보면 일반 쇼핑몰의 레이아웃과는 확연한 차이가 있다는 것을 알 수 있다. 판매목적으로 상품을 진열한 것이 아니라 상품 관련 정보를 여러 군데 배치하여 방문자의 이목을 끈다. 호기심으로 클릭하면 할수록 체류하는 시간이 늘어나는 것은 당연하다. 다양한 상품정보력은 자신의 판매 아이템에 대해 전문적인 식견이 있어야만 가능하다. 앞서 자신이 주력하는 아이템에 대한 전문가가 되어야 하는 이유가 여기에 있다.

과감한 콘셉트도 눈에 띈다. 홈페이지를 자세히 보면 귀에 직접 꽂는 이어폰의 특성상 청력과는 배척되는 관계임에도 자녀의 청력지수를 언급하며 상품으로 유도한다. 보통 이어폰 판매자라면 생각하기 어려운 금기사항이다. 바로 옆에 배치한 보청기 회사의 이어폰으로 방문자를 유도하는 것도 맛깔스럽다. 클릭하면 상품 카테고리로 연결되는 단순한 구조지만 호기심을 끌기에 충분한 독특한 설정이다. 쇼핑몰 가장 하단에 있는 이어폰 습기를 관리하는 상품소개도 호기심을 끈다. 쇼핑몰 운영자의 전문가다운 풍채가 느껴진다. 구경거리가 가득한 홈페이지기 때문에 방문자의 기억에도 강하게 인식된다. 여기에 쇼핑몰 UX가 숨어 있다.

이어폰을 주력으로 판매하는 독특한 디자인의 쇼핑몰 자운드

Shopping mall+Webzine=Shopping Webzine

판매가 주목적인 쇼핑몰 운영자에게 쇼핑 웹진을 구축하라는 의미가 아니다. 쇼핑몰의 메인 페이지와 웹진의 콘셉트를 섞으라는 의미다. 단순히 상품을 제공하는 것이 아니라 이것을 넘어 소비자의 이목을 끄는 콘텐츠를 생산해야 한다. 포털 사이트를 활용한 쇼핑몰 홍보는 이제 한계에 다다르고 있기 때문이다. 이제 포털 사이트에서 쇼핑몰 카페를 키우는 것은 거의 불가능하다. 카페 회원을 유치하기 힘들며 카페 운영을 전담할 사람이 있어야 한다. 쇼핑몰과 카페로 양분된 사용자를 서로 순환시키는 것도 어렵고 스마트폰 유저가 나날이 늘어나 모바일 웹 사용빈도가 폭증하는 것도 이유가 된다. PC로 인터넷을 접속하는 시대가 저물고 있으니 신생 카페가 성장할 수 있는 토양도 더욱 척박해졌다. 블로그를 활용한 홍보도 나날이 범위가 좁아지고 있다. 그나마도 저작권이나 퍼블리시티권 분쟁이 많아져서 연예인, 드라마 등으로 이목을 끄는 쇼핑몰 홍보용 블로그는 먹잇감이 되고 있다. 블로그 운영도 이제 이런 시류를 반영하여 체질을 바꾸어야 한다.

한 명이 방문해도 체류하는 시간을 늘릴 수 있는 방문의 질이 중요해졌다. 그냥 클릭하고 나가는 1천 명보다 유심히 보는 50명의 위력이 더욱 강하다. 체류하는 시간이 늘면 당신의 쇼핑몰은 그만큼 판매할 확률이 높아진다. 방문객이 호기심을 느낄만한 콘텐츠를 카페나 블로그가 아닌 쇼핑몰 홈페이지에서 주력으로 배치해야 한다. 같은 상품을 구매하는 소비자라도 쇼핑몰을 방문하여 느끼는 감칠맛이 다르다.

여기서 다시 한 번 오프라인 매장과 쇼핑몰의 차이를 보자. 오프라인 매장에서 인테리어는 소비자 만족을 위한 또 다른 서비스이며 미끼이다. 소비

다양한 구경거리를 배치하는 것이 중요하다
(출처: 스트래피아 코리아)

자는 상품만이 아닌 자신이 소비하는 그 무엇에 대해 소속감, 우월감, 만족감 등을 느끼며 또 다른 소비정체성을 맛본다. 이는 명품 매장에서 확연히 볼 수 있으며 전문화된 단일품목 매장에서는 생명과도 같다. 소비자는 오프라인 매장의 구성은 기본이고 고객을 위해 무엇을 세심하게 배려하는지 자신도 모르게 확인한다. 그래서 오프라인은 제공할 것이 많다. 차 한잔이나 샘플, 친절한 고객응대, 이벤트 등 복합적인 서비스가 가능하다.

반면 쇼핑몰은 어떤가? 아무것도 없다. 정말 아무것도 없다. 무엇을 주려고 해도 우선 살지 안 살지도 모르는 소비자의 주소와 연락처, 이름을 알아야 한다. 그리고 준다고 넙죽 받아가지도 않는다. 자신의 개인정보를 제공해야 하기 때문이다. 다시 말하자면 오프라인에서 제공하는 그 모든 것을 쇼핑몰 홈페이지에 녹여야 한다는 말이 된다. 이에 대한 돌파구는 결국 쇼핑몰 디자인밖에 없다. 오프라인이 하나부터 열까지 살펴본다면 쇼핑몰 운영자는 스무 개 이상을 살펴야 한다. 그러므로 상품진열에 충실한 초기 쇼핑몰은 특별한 내공(초저가, 독점공급, 천부적인 코디 등)이 없다면 도태되기 쉽다. 소비자가 상품 외에도 인터넷으로 느낄 수 있는 감칠맛을 항상 준비해야 한다.

■ 카피를 활용하라

상품의 각도와 쇼핑몰 운영자의 전문성이 녹아 있는 상세설명, 쇼핑몰 디자인을 통한 감칠맛 나는 전달을 위한 중요한 미끼가 하나 있다. 바로 '카피'이

재미를 더해주는 카피는 몰입도를 높인다
(출처: MBC 〈무한도전〉)

다. 예능 프로그램을 보면 익살스런운 상황과 더불어 함께 나오는 카피가 프로그램의 재미를 더한다.

　좌뇌와 우뇌가 동시에 자극되기 때문에 이미지와 텍스트를 동시에 읽으면 그것에 집중을 하게 된다. 카피 공해라는 일부 지적이 있지만 TV 홈쇼핑에 비하면 예능 프로그램의 카피는 애교 수준이다. 홈쇼핑 화면을 보면 화면을 가득 뒤덮는 카피를 볼 수 있다. 가득 채우는 것도 대단하지만 그 상품에 호기심이 있는 사람이라면 더욱 집중해서 모조리 읽고야 만다. 하단에 흐르는 전화번호 및 할부 조건, 상품의 시연, 호스트의 설명, 시간제한을 알리는 울리는 소리까지 평상 시에는 도저히 집중할 수 없을 것 같은 콘텐츠를 무리 없이 소화한다. 그러다 보면 자신도 모르게 최면에 걸린 것마냥 구매하는 일이 생기기도 한다.

　쇼핑몰의 '상품 카피'도 이와 다르지 않다. 몇 단어의 조합이 클릭을 이끌어내고 클릭 후 보이는 '세컨 상품 카피'는 길게 이어질 상세설명의 좋은 교두보가 된다. 패션잡화는 사진 자체가 카피를 대용할 수 있지만 일반 공산품, 전자제품, 기능성 제품 등은 이미지로만 구성하면 흥미를 끌지 못하는 한계가 있으므로 카피를 사용하면 좋다.

　104쪽 상단의 옷걸이 사진을 보자. 좌측은 옷걸이의 작은 이미지와 함께 들어가는 카피에 대해서 크게 신경 쓰지 않았다. 공간을 남겨두자니 휑하고 무엇을 쓰자니 공간이 부족하면 단어를 넣는 식이다. 그래서 우측처럼 '그 비싼옷! 제게!'라는 상품 카피를 넣어보았다. 상품 카피의 주요 목적은 설명이 아닌 호기심 유발이다. 설명이 많거나 힌트, 혜택을 알릴 필요가 없다. 궁금하게 만드는 것이 가장 좋다. 그래야 클릭 한 번이 이루어진다. 일단 상품

좌측보다는 우측의 사진이 호기심을 끈다

사진을 클릭하고 상세설명을 읽게 되면 동일한 상품의 카피를 위에 그대로 유지하고 하단에 세컨드 카피를 넣어준다.

구매자와의 만남은 상품정보가 아닌 스토리로 시작하는 것이 좋다. 시선이 전부라고 할 수 있는 인터넷 쇼핑몰에서 상품 판매를 위해 운영자가 구매자에게 어필할 수 있는 가장 효과적인 방법은 처음부터 끝까지 읽도록 하는 것이다. 세컨드 카피는 스토리의 주제를 보여준다는 점에서 중요하다. 그래서 아래의 사진처럼 '당신이 잠든 사이, 옷태를 살려드려요!'라는 세컨드 카피를 넣었다. 상품정보는 후반에 읽어도 충분하다.

상품사진을 클릭하여 상세설명으로 넘어갔을 때의 세컨드 카피

'투자'와 '휴식'은 확실히 다른 느낌을 준다

기능성 화장품을 보면 짧지 않은 시간을 할애해야 하는 경우가 있다. 그래서 어쩔 수 없이 시간 단위를 카피로 사용하는 경우가 많은데 자칫하면 애써 시간을 내야 하는 번거로운 과정으로 보일 수 있다. 그렇다면 어떤 상품 카피를 쓰면 호기심이 생길 수 있을까?

어차피 화장품을 사용하기 위해서는 시간이 필요하다. SK-Ⅱ의 카피를 살펴보자. 우측의 사진은 '휴식'이라는 말을 통해 화장품을 바르는 것이 아닌 화장품을 통한 쉬는 시간으로 표현하고 있다. 기능성이라면 휴식 외에

세컨드 카피는 감성적으로 다가가는 것이 좋다

'힐링' 등의 용어를 쓰는 것도 좋다.

그리고 세컨드 카피를 읽는다는 것은 동의한다는 말이 된다. 밋밋한 말보다 감성적으로 다가서는 것이 좋다. 비교분석을 하거나 객관적 사실의 표현, 강조하는 글은 소비심리를 데이터 분석으로 돌리므로 자연스럽게 구매전환율이 떨어진다. 이러한 상품설명은 하단이나 중간에 위치시키는 게 좋다. 소비자는 일단 감정적 동의를 한 후에 데이터를 받아들인다.

메인 카피에 인기 드라마 제목을 활용하는 것도 좋다

5단 서랍형의 서류 보관함의 예를 살펴보자. 서류 보관함 옆에 가위와 필기도구를 배치해 이목을 끈다. 좌측의 사진은 사무용품 판매자들에게서 흔히 볼 수 있는 카피다. 너무 흔한 카피는 눈에 띄지 않을 수도 있다. 때로는 인기 드라마 〈응답하라 1997〉을 변형한 우측의 사진처럼 드라마 제목을 변형하는 것도 좋다. 저작권 침해가 아니냐고 물을 수도 있지만 드라마와 책 제목은 저작권으로 보호받지 못한다. 인기 드라마가 있다면 이 부분을 활용하는 것도 반사이익을 얻을 수 있는 좋은 방법이다.

메인 카피에 응답하는 세컨드 카피

세컨드 카피를 넣을 때 중요한 기준이 있다. 직관성을 추구하면서 재미를 섞어야 한다. 상품과 너무 동떨어진 카피는 오히려 호기심을 떨어뜨린다. 상품의 특징을 느낄 수 있는 직감적인 단어와 재미를 느낄 수 있는 부연 설명이 필요하다. 그리고 일관성을 지키자. 세컨드 카피를 만들 때는 서류 보관함을 연상시키는 '차곡~차곡~'처럼 상품 카피의 범위를 벗어나지 않아야 한다.

메인 카피에는 간략하고 리듬감 있게 정보가 담겨야 한다

또 다른 예인 화분을 보자. 좌측의 사진은 많은 정보를 주고 싶어 하는 마음이 가득 담겨 있다. 이 경우도 소비자는 지나치기 쉽다. 문장은 간단하고

리듬감 있어야 한다. 그렇다면 소비자에게 하고 싶은 말은 많지만 길게 쓸 수 없다면 어떻게 해야 하는 것일까? 클릭 한 번은 동의가 된다. 만약 화분을 선물하려는 이가 보고 있다면 서술보다 화분을 선물이라고 표현한 우측의 사진을 보고 상품을 선택할 확률이 높다.

감성을 터치하는 세컨드 카피는 매출을 올리는 데 도움이 된다

세컨드 카피에는 '꿈나무'라는 단어를 사용했다. 뱅갈고무나무라는 나무 이름이나 의미 등은 상세설명에서 다뤄도 전혀 늦지 않다. 일단 밋밋한 마음에 감성을 터치할 수 있는 카피가 중요하다. 사람의 감정을 활용하여 매출을 만들어내는 방법을 '감성소비 기법'이라고 한다. 요즘 대기업 광고를 보면 마치 드라마를 보는 것과 같다. 15초의 짧은 시간 동안 상품정보가 아닌 브랜드 이미지에 치중하는 이유가 무엇인지 곰곰이 생각해보자.

그렇다면 털 신발을 판매할 경우는 어떨까? 당연히 기능적인 부분을 강조하지 않을 수 없다. 발열 기능이 좋아 따뜻하다는 것을 강조해야 하지만 대부분은 최고급 재료를 사용했다는 카피를 사용한다. 하지만 단순히 최고급

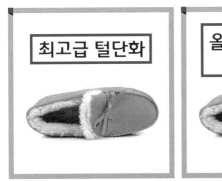

겨울 용품은 메인 카피에서 소비자의 경험을 자극하며 기능성을 강조하는 것이 좋다

재료를 강조하기보다는 발이 시린 경험을 한 번쯤은 겪은 사람에게 보내는 메시지를 소비자에게 보내는 카피가 더욱 효과적이다. 털 신발의 특성상 작년에 구입했다면 올해도 신을 확률이 크다. 그래서 '올 겨울만큼은! 따사하게~'라는 카피는 털 신발을 신고 다닌 이를 보았거나 손발이 찬 이에게 다가설 수 있다.

그리고 세컨드 카피에서 다시 한 번 반복하자. 강조되는 것은 물론이고 클릭을 통해 동의한 부분을 다시 한 번 재확인시키는 효과도 있다. 털 신발

세컨드 카피에서 메인 카피를 다시 반복하면 그 내용이 강조되는 효과가 있다

은 따뜻함이라는 기능성을 세컨드 카피에서 다시 한 번 강조하여 구매를 유도하는 것이 좋다.

가구의 메인 카피에서는 배송보다 상품의 특성을 강조하는 것이 더욱 좋다

소형가구는 좌측의 상품사진처럼 모델명이나 배송을 강조하는 문구가 많다. 때론 치수를 직접 표기하는 경우도 있다. 특성상 치수가 중요하긴 하지만 우선 디자인부터 눈에 띄어야 한다. 간혹 '흑룡', '백룡' 등 이질감이 가득한 상품 이름을 넣는 경우도 있는데 여성 구매자가 이를 본다면 적극적으로

세컨드 카피에서는 공간 활용에 의한 꾸미는 재미에 대해 동의를 구하는 것도 좋다

구매하지 않을 것이다. 소형 가구의 특성상 좁은 공간에 두는 소비자가 다수이므로 한정된 공간에 대한 상품 카피를 사용하자.

메인 카피가 공간 활용에 대한 동의를 구했다면 세컨드 카피는 좁은 공간도 아늑할 수 있으며 꾸미는 재미가 있다는 부분의 동의를 구하는 것도 좋은 방법이다. 만약 이 부분을 읽고 스크롤을 통해 상세설명을 본다면 두 번째 동의를 한 셈이 된다. 가구를 상품으로 한 카피에서는 '답답하고 좁은 공간! 넓게 쓰세요'라는 식으로 카피를 집어넣으면 곤란하다. 기능적인 부분에서는 최상의 카피가 되겠지만 소비자에겐 좁은 장소에 사는 불쌍한 사람이란 지적이 될 수도 있다. 상대의 입장에서 카피를 쓰자.

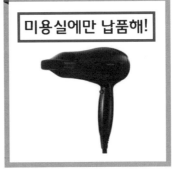

그저 그런 흔한 카피는 소비자가 클릭하지 않는다

전자제품의 상품 리스트를 보면 좌측의 상품사진 카피처럼 범위가 거기서 거기이다. 아무래도 판매하는 방식이 비슷하다 보니 겹치는 듯하다. 우측의 상품사진은 분명 무언가 사연이 있는 듯한 뻔한 설정을 한 카피다. 그러나 다른 드라이어 판매자가 이 카피를 쓰지 않는다면 소비자는 어떤 카피인

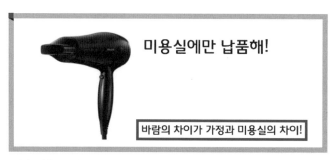

판매목적을 암시하는 세컨드 카피

지를 알면서도 클릭한다. 호기심이 생긴 것이다. 그러면 카피 본연의 기능을 충실히 완료한 셈이다.

그리고 세컨드 카피는 미용실 전문 드라이어라는 부분을 강조하면서도 '가정'이란 단어를 사용하여 본래의 판매목적을 암시했다. '아' 다르고 '어' 다른 언어유희 같지만 소비자는 이런 카피를 통해 상품설명을 읽는다. 특정한 상품의 상세설명을 오래 읽는다면 자연스럽게 구매로 이어질 수 있다.

이처럼 상품의 카피와 세컨드 카피를 잘 사용한다면 상세설명의 전체적인 윤곽이 잡히고 어떤 스토리텔링을 통해 상품설명을 진행할 것인지 좋은 지침으로 활용할 수 있다. 어느 부분에 비교나 강조할 부분을 넣을지에 대한 기준도 생긴다. 각 상품의 테마가 생기고 그 테마에 소비자가 동의한다면 재미를 느끼며 읽게 될 것이다. 이렇게 소비자의 체류시간은 늘어난다.

이벤트를 활용하라

이벤트는 부지런해야 하며 생색내기 같은 억지 이벤트는 최대한 피해야 한다. 주기 싫은 이벤트라는 것이 티가 나 소비자가 참여할 리 없다. 후드야 쇼

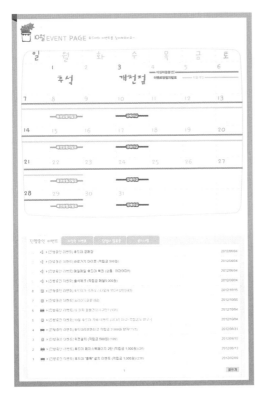
이벤트를 효과적으로 활용하고 있는 후드야

핑몰www.hoodya.co.kr의 경우엔 이벤트 빈도가 잦다. 그만큼 입소문 효과도 있겠지만 소비자와 소통한다는 좋은 인식도 심어줄 수 있다. 쇼핑몰 운영자가 감당할 수 있는 여러 혜택을 주고 구매고객의 참여도 적극적으로 장려하고 있다.

구매자는 자신의 입맛에 맞는 이벤트에 참여하면 된다. 하지만 자신의 글만 덜렁 올리는 일은 거의 없다. 다른 고객들의 글을 보며 어떤 이야기가 오가고 무엇을 구매했으며 어떤 점이 좋았는지 확인한다. 소비자 간에 상품정

안에는 눅스 설명서와 눅스 멀티드라이 오일과 무슨 제품인지 모르겟는데 샘플이 왔어요~ㅣ

짜짠- 전 개인적으로 눅스님 너무 사랑해요 ㅜㅜ. 뭐랄까 따뜻하면서도 청결한기분이랄까요 ㅋㅋ
그리고 설명서가 자세하게 나와있어서 너무 좋아요 ^^ 머리방면으로 볼수있어서 너무 좋은거같네용

택배샷은 새로운 구매를 유도한다
(출처: heeragmlfk.egloos.com)

보를 주고받으니 자발적인 마케팅 효과도 불러온다. 또한 그만큼 체류시간
이 느는 건 당연하고 단골고객으로 묶어둘 수 있는 좋은 기회가 된다.

　이벤트는 운영자의 아이디어에 따라 각양각색이지만 특히 택배샷은 효
과적인 이벤트의 하나이다. 소비자의 기대치가 가장 높을 때가 택배를 받
아서 뜯어보는 그 순간이다. 구매고객으로 하여금 자신이 배송받을 때의 생
생한 사진을 올리도록 유도하자. 만족하는 소비자가 자발적으로 사진을 찍
고 2~3줄에서 5~6줄의 후기를 써서 올린다. 이제 막 개봉을 해 사용도 하
기 전이기 때문에 결코 짧은 후기가 아니다. 쇼핑몰 운영자는 후기를 올리

는 고객들을 통해 상품 배송의 질을 홍보하는 효과를 톡톡히 볼 수 있다. 더불어 다른 쇼핑몰에서 알게 모르게 벌어지는 후기 조작에서도 자유롭다. 쇼핑몰에 올리는 후기는 비교적 소비자의 신뢰를 잘 얻지 못하는 편이지만 택배샷은 고객의 후기를 통해 방문자 또는 잠재고객의 믿음을 자연스럽게 얻을 수 있다. 그렇기 때문에 구매로 이어질 확률 역시 높다. 만약 문제가 발생한 택배샷은 재빠르게 대응하고 조치하는 모습을 보여줘라. 배송의 질을 보장하는 쇼핑몰로 신뢰를 얻는 전환점이 된다.

아이디어가 좋은 이벤트가 몇 가지 있어 소개하도록 하겠다. 바비펫www.baviphat.com이란 유명한 화장품 쇼핑몰에서는 첫 번째로 포스팅을 대가로 하는 현금 이벤트를 실시했다. 실질적인 현금 혜택을 이중, 삼중으로 제시하여 블로그 활동을 활발히 하는 소비자들을 유혹했다. 바비펫은 배너를 통해 구매한 상품 금액의 5%를 적립해줬다. 이 적립률은 쇼핑몰 운영자에게 결코 적은 것이 아니다. 비용을 제외한 수익에서의 5%가 아니기 때문에 부담스러운 금액이 된다. 하지만 쇼핑몰 배너의 포스팅을 적극적으로 장려하고 있다. 또한 택배샷 이벤트도 함께 병행하며 택배샷과의 연동도 잊지 않고 유도하고 있다. 매출액 대비 5% 환원, 얼핏 보면 부담스러울 수도 있지만 매우 효과적인 비용이다. 구매가 이루어져야 적립이 되고 1만 원을 넘겨야 현금으로 받을 수 있다. 그 미만의 금액은 쇼핑몰 배너를 포스팅한 이가 바비펫에서 구매할 때 사용하면 된다. 운영자도 손해가 아니고 포스팅한 이도 큰 기대 없이 참여할 만한 이벤트이다. 일반 키워드 광고는 클릭만 해도 광고 비용이 지출되지만 이 이벤트는 철저히 검증된 홍보 비용을 지출하게 된다. 이벤트 비용이 많이 나가면 나갈수록 그만큼 매출도 일어난 것이니 쇼핑몰 운

부담이 될 수 있는 현금 이벤트를 효과적으로 활용하고 있는 바비펫

영자의 입장에서는 환원되는 금액이 많으면 많을수록 두 손 들어 환영할 만한 일이 된다.

두 번째는 여러 명의 고객이 참여하는 출석체크를 활용한 이벤트다. 혜택만 쏙 빼가는 체리피커를 방지하고자 한 자리 수의 적립금을 제시하고 있으며 한 달 개근 또는 최다 댓글자에게는 더 큰 적립금을 주고 있다. 인터넷 카

혜택을 제시하며 댓글 쓰는 것을 적극적으로 유도하고 있는 바비펫

페에서 전형적으로 활용하는 댓글달기 방식을 그대로 쇼핑몰에 전이시킨 것
이다. 댓글을 쓰는 일이 번거로워 부지런해야 하니 얼마나 달겠냐고 할 수
있지만 쇼핑몰 운영자가 제시하는 당근에 따라 반응은 하늘과 땅 차이로 달
라진다. 바비펫에서는 댓글 이벤트에 또 다른 혜택을 제시해 댓글을 적극적
으로 유도했다. 그 결과 이전의 댓글 이벤트는 비교적 한산한 상태였지만 과
감한 쿠폰 혜택으로 댓글의 수가 폭증했다.

　이 중에서 가장 폭발적인 반응이었던 위젯 이벤트를 보자. 네이버 블로
그를 이용하는 사람에게 바비펫 쇼핑몰 위젯의 설치를 적극적으로 권장한
다. 참여 자체만으로 쿠폰을 증정하니 매력적이다. 총 댓글 수가 2012년 8월

1900개에 달했다. 2011년 4월 1일에 시작된 이벤트이지만 반응은 꾸준히 이어져 자료 준비를 위해 캡처한 날짜인 2012년 8월 13일까지도 댓글이 꾸준하게 올라오고 있었다. 상당히 성공적인 이벤트라고 볼 수 있다. 참여자 중 쿠폰을 받기 위해 실제 블로그 위젯을 설치한 수가 댓글만큼 따라왔다면 2천 개의 바비펫 위젯이 블로그를 통해 쇼핑몰을 지속적으로 홍보되고 있는 것이 된다. 절반이라고 해도 1천 개의 위젯이 네이버 블로그에서 가동된다

바비펫과는 다른 스타일로 위젯 이벤트를 진행하는 후드야

는 의미이다.

2천 개의 쇼핑몰 위젯이 여러 블로그에 등록되어 하루에 클릭을 몇 번 유도하게 될지 생각해보자. 한 번만 클릭해 방문한다고 해도 2천 명의 유입이 발생하고 두 번만 클릭해도 4천 명이 유입된다. 이렇게 유입된 잠재고객에게 쇼핑몰은 다양한 이벤트를 실시하며 유혹의 손짓을 보낸다. 구성이 찰지니 그냥 엑스박스를 누르고 나갈 확률도 떨어진다. 게다가 클릭당 요금을 메기는 방식도 아니니 수만 번 클릭해도 쇼핑몰 운영자는 쿠폰을 한 번만 지급하면 그만이다. 이보다 고효율적인 홍보 방법이 또 어디 있을까?

위젯은 다른 배너에 비해 크기가 비교적 큰 것도 장점이다. 블로그에 방문하는 수 많은 이에게 커다란 쇼핑몰 위젯은 시각적으로도 비중이 크기 때문에 위젯의 전달 메시지가 자극적일수록 호기심에 클릭할 확률이 크다. 아무 생각 없이 클릭하는 키워드 광고와 비교한다면 어디가 더 효과가 클지 자문해보기를 바란다.

마지막으로 소개할 것은 커뮤니티 연계 이벤트이다. 바비펫은 화장품을 주력으로 판매하는 쇼핑몰이므로 화장품 체험 커뮤니티인 뷰티톡www.beaurytoc.co.kr을 후원하고 있다. 쇼핑몰에 유입되는 잠재고객을 대상으로 커뮤티니의 회원가입을 유도하고, 커뮤니티는 쇼핑몰 정보를 커뮤니티 회원에게 노출하는 것을 허용하는 방식이다. 반응은 위젯보다 조금 못하지만 꾸준한 반응이 있어 2011년 3월에 올린 이벤트가 2012년 8월 13일까지도 댓글이 달려 있는 것을 확인할 수 있다. 참여하는 수가 다소 적은 편이지만 450여 명이 커뮤니티에 가입하여 쇼핑몰에 반사이익을 준 것을 보면 무시하지 못할 무형의 홍보가 된다.

화장품 체험단, 이벤트 정보, 사용후기 등을 알려주는 뷰티톡은 바비펫과 제휴를 맺고 있다

　　이는 쇼핑몰 운영과 동시에 카페까지 고려하는 이에게 좋은 대안일 수 있다. 다시 한 번 강조하지만 절대 쇼핑몰 운영을 하며 직접 카페도 운영할 생각은 하지 않는 것이 좋다. 이미 덩치 큰 커뮤니티가 도처에 깔려 있다. 차라리 쇼핑몰 운영자의 역량에 따라 이벤트 제휴를 끊임 없이 제안하여 알짜배기 인터넷 카페와 전략적 제휴를 시작하는 것이 카페를 키우는 것보다 낫다. 단 주의할 점이 있다. 이런 방법은 쇼핑몰 운영 초기에는 금물이라는 것. 신규 쇼핑몰은 인터넷 카페 운영자에게는 검증되지 않았다고 판단되기 때문에 별 흥미를 보이지 않는다. 차라리 블로그 위젯 이벤트나 댓글 달기 등의 쇼핑몰 자체 이벤트를 충실히 운영한 뒤 쇼핑몰 덩치가 커졌을 때 제안하는 것이 훨씬 수월하며 비용도 많이 절약할 수 있다.

의상대여 쇼핑몰은 세련된 디자인보다는 정보의 전달이 중요하다
(출처: 국향)

쇼핑몰의 특성상 이벤트가 모호한 경우가 있다. 상품의 특성으로 인해 고객 이탈이 자연스런 곳인데 주로 대여상품, 이벤트 쇼핑몰 등이 이에 해당한다. 이때는 상품 제안 자체를 볼거리로 만들어야 한다. 말 그대로 보는 자체가 이벤트가 되는 '볼거리 이벤트'이다.

오픈한 지 7년이 되는 의상대여 쇼핑몰 국향www.kook-hyang.com이 있다. 여러분은 의상대여 쇼핑몰에 어떤 이벤트를 제안할 것인가? 의상대여 쇼핑몰의 특징은 소수의 주 거래처를 제외하면 뜨내기 고객이 대부분이라는 것이다. 할인 혜택 자체가 식상하고 적립금도 애매하며 택배샷이나 위젯을 다는 것도 소비자의 니즈에 맞지 않는다. 그래서 재미있는 볼거리를 제공하기 위

국향은 보통 사람은 꿈도 꾸지 못할 과감하고 용감한 선택을 하여 볼거리를 제공했다

해 여장을 한 상세설명을 올렸더니 어느 날부터 국향의 이미지는 유머 게시판으로 퍼지기 시작했고 주요 포털 사이트 메인까지 등극하게 되었다. 포털 사이트 메인에 올라갔다는 것은 홍보 효과가 어마어마하다는 것이다. 최소 시간당 3만 명이 클릭했을 것이니 이벤트의 본 목적을 충실히 이행하고도 남은 장사다.

물론 여장 남자는 어제오늘의 아이템이 아니다. 예능에서는 흔한 아이템이다 못해 고전이다. 재미로 찍은 것일 수 있지만 입장을 바꿔서 생각해보자. 보통의 얼굴 두께로는 진행하기 어려운 볼거리 제안이다. 게다가 여장 남자 시장 규모는 작다 못해 티끌이다. 매출에 도움되지 않는다. 홍보 아이디어를 고민하지 않았다면 불가능했을 일이다. 하지만 덕분에 많은 사람에게 인식되었으니 잠재시장을 아주 성공적으로 개척한 사례가 된다. 카테고리도 메인 페이지의 좌측 일곱 번째에 숨어 있다. 호기심에 방문한 사람들이 한참을 두리번거리며 '국향'이라는 쇼핑몰을 자신도 모르게 인식하게 되는 것은 물론이다.

그러나 이런 볼거리 위주의 상품구성은 주의할 점이 있다. 아이템 본래의 목적에 충실해야 한다는 것이다. 부작용 사례를 통해 살펴보자. 그중 하나가 섹시코드가 메인인 19금 버전의 반나체 의류 쇼핑몰이다. 늘씬한 모델에 성적인 코드를 물씬 입힌 화보촬영 콘셉트였고 스포츠 신문의 보도가 이어졌지만 결과는 좋지 못했다. 무수한 남성의 시선만 모았을 뿐 정작 구매는 이루어지지 않았다. 여성성을 상품화한 여성의류 쇼핑몰에 방문해 구매할 여성이 몇이나 될까 생각하면 결론이 쉽게 난다. 만화나 상황극 등의 사례도 있는데 이런 방법의 볼거리 제공은 에너지 낭비가 많다. 볼거리만 보러 오는 경우가 많기 때문이다.

■ 웹 디자인에 과감하게 투자하라

이벤트 화면은 메인 페이지의 하단이 좋다. 쇼핑몰을 검색하여 들어온 방문자의 특성상 시선은 위에서 아래로 내려간다. 이는 첫 대면은 상품 제안으로 시작하고 호기심이 떨어지는 부분인 하단에는 콘텐츠(이벤트)를 제시하여 쇼핑몰 내의 체류를 유도하는 것이다.

쇼핑몰 운영자가 적지 않은 비용과 시간을 감수하고 진행하는 유료 광고 및 홍보의 효과는 쇼핑몰에서 제공하는 콘텐츠가 상품의 진열에만 그치지 않고 볼거리, 읽을거리, 참여거리를 얼마나 다양하게 제공하느냐에 따라 달라진다. 이러한 구성은 앞에서 보았듯이 대여, 고백 이벤트, 요트 여행, 기저귀 등 휘발성 고객이 주를 이루는 쇼핑몰에 중요한 해결책이 된다.

가령 아기용품 중 유모차나 기저귀, 취미용품 중 전자 기타나 클래식 기타 등은 반복구매가 아닌 단발구매가 주를 이루는 상품군이다. 한 번 사가면 '또 오세요' 손님이 아닌 '안녕히 가세요' 손님이 되는 일이 허다하다. 그러므로 검색 유입자가 쇼핑몰 내에서 머무는 시간이 늘어날 수 있는 다양한 콘텐츠 제공이 필요하다. 그리고 이를 통해 소비자가 홍보에 자발적으로 참여할 수 있는 다양한 장치를 마련해야 하며 이는 아이템에 대한 전문가적인 식견이 없으면 힘든 일이다.

쇼핑몰의 콘텐츠가 다양해지면 쇼핑몰 웹 디자인도 단순할 수가 없다. 구성도 보통과 달라지고 적지 않은 구축 비용이 들어간다. 저렴한 비용으로 구축되는 평범한 쇼핑몰 디자인은 애써 비용을 들이고 유입시킨 잠재고객의 관심을 끌지 못할 뿐만 아니라 쇼핑몰 운영자의 콘텐츠를 모두 담을 수 없다. 따라서 쇼핑몰 웹 디자인에 과감하게 투자해야 한다. 유감스러운 일이지만 소비자는 쇼핑몰에 대한 믿음이 생기기 전까지 쇼핑몰의 외양으로만 어떠한지 판단한다. TV 채널을 리모컨으로 꾹꾹 눌러 바꾸듯이 불과 1~2초 사이에 아니라고 판단되면 그냥 창을 닫아버린다. 이를 막을 수 있는 유일한 방법은 쇼핑몰 운영자가 제시하는 다양한 볼거리와 이를 표현하는 쇼핑몰 웹 디자인이 된다.

쇼핑몰 메인 페이지를 통해 나만의 쇼핑몰 UX를 제공하기 위해서는 고행이 필요하다. 쇼핑몰을 디자인하기 전 쇼핑몰 운영자가 직접 소비자가 되어 닥치는 대로 기존의 쇼핑몰들을 방문해야 한다. 그리고 끊임없이 A4 용지에 스케치를 해야 한다. 물론 여기에는 전제조건이 있다. 내가 선택한 아이템과

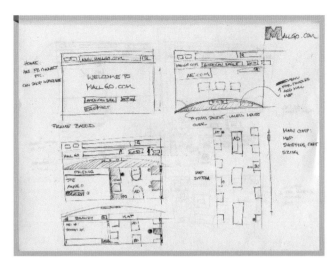

쇼핑몰 스케치는 쇼핑몰 운영자의 아이디어를 표현하는 유일한 수단이다
(출처: Brian Groudan)

철저하게 연관이 있는 스케치여야만 한다.

처음에는 왜 그러나 싶을 것이다. 사실 그림도 잘 안 그려진다. 우리가 살면서 종이 위에 몇 번이나 쇼핑몰 레이아웃을 그려보겠는가. 잘 그려지지 않는 것이 당연하다. 만화를 그리듯이 상세하게 표현할 필요는 없다. 타인의 쇼핑몰을 보고 내 머릿속의 쇼핑몰을 연관지어야 한다. 그렇게 불편한 인터페이스를 파악해보고 고민하며 최소 며칠을 보내야 한다. 아이템 선정도 오랜 기간을 두고 고민하지 않던가. 내 얼굴을 대신할 얼굴마담인 쇼핑몰 디자인도 이에 못지 않게 중요하다. 소비자가 구매 전에 내 쇼핑몰을 판단하는 것은 디자인밖에 없다. 만약 이게 귀찮거나 필요성을 느끼지 못한다면 오픈마켓에서 시작하는 것이 좋다.

힘들지만 반복하며 종이가 쌓이고 스케치가 반복될수록 디자인은 점점

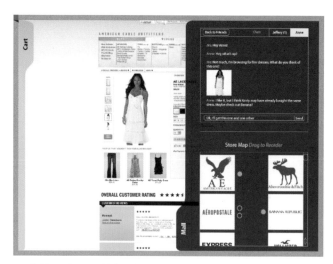

스케치를 구성으로 표현된 쇼핑몰의 예
(출처: Brian Groudan)

개선되고 내 쇼핑몰 디자인의 뼈대가 완성된다. 상품정보를 어떻게 전달할 것인가에 대해 전략이 세워지고 배열의 우선순위를 생각하게 되면서 자연스럽게 메시지의 구성과 배치도 정렬된다. 상품의 촬영각도는 물론이며 전반적인 쇼핑몰 분위기까지 모든 정보를 내 머릿속에서 연상시킬 수 있다. 쇼핑몰 디자인은 절대로 퍼즐과 같은 것이 아니다. 기존에 만들어놓은 디자인에 내 소스를 추가하는 것과 쇼핑몰 구석구석까지 내 손때가 묻은 디자인이 소비자에게 전달되는 차이는 어머어마하다. 이것이 당신만의 전문화된 아이템을 전달하는 당신만의 디스플레이 구축의 시작이다.

스케치가 완성되었다면 이제 들여다보자. 이때는 이미 자리 잡은 대박 쇼핑몰의 홈페이지와 비교하여 나에게는 어떤 차별화된 쇼핑몰 UX가 있는지 비교해야 한다. 기껏 했는데 기존에 있던 것과 별반 다르지 않다면 처음부터 다시 시작하자. 자신도 모르게 베낀 것에 지나지 않으니 말이다.

　노하우는 이렇게 완성된다. 무수한 시행착오 속에서 마치 금이 제련되듯이 당신의 고통이 모이고 모이는 것이다. 금을 제련하기 위해서 얼마나 많은 돌을 녹여야 할까. 이 과정을 거쳤다면 결코 당신은 싼값에 쇼핑몰 디자인을 진행할 생각이 없을 것이다. 돈보다 당신 아이디어의 표현을 더욱 중시하게 될 것이다. 잠재고객의 체류시간을 늘리고, 자발적 홍보는 물론 소비자를 활용한 소비자의 신뢰를 얻는 알고리즘이 쇼핑몰 웹 디자인에서 표현되기 때문이다.

　쇼핑몰의 콘텐츠가 맛깔스럽게 완성되면 부수적으로 따라오는 기능이 하나 있다. 바로 웹 내비게이션이다. 웹 내비게이션을 잘 활용하면 키워드 광고의 효율성도 재고할 수 있다. 초반의 쇼핑몰 구매자는 상품을 검색할 때 포털 사이트에서 특정 키워드를 사용한다. 여기서 대형 쇼핑몰과 개인 쇼핑몰과의 큰 차이는 없다. 대기업에 비해 개인 쇼핑몰은 광고 비중이 규모가 작을 뿐이다.

　키워드는 유입도가 높은 것은 분명하지만 그만큼 잊혀질 확률도 크다. 엑스박스를 수도 없이 누르며 키워드가 계속 세분화된다. 구매자의 입장에서 키워드를 검색했을 때 경험을 떠올리면 쉽게 이해할 수 있을 것이다. 당연히 내 쇼핑몰에 접속한 잠재고객의 가치가 높아지고 어떻게 해서든 체류시간을 늘려야만 한다.

　롯데닷컴의 메인 페이지를 보면 왼쪽 상단에 상품메뉴를 정리한 카테고리를 볼 수 있다. 이 부분이 바로 웹 내비게이션이 된다. 구매자는 이 내비게이션을 클릭함으로써 자신이 구매하고자 하는 상품을 더욱 상세히 검색하게

롯데닷컴은 쇼핑몰 UX 기획팀을 2000년부터 운용하여 사용자 경험을 바탕으로 꾸준히 홈페이지를 개편하고 있다

된다. 다수의 잠재고객은 포털 사이트에서는 키워드로 검색하지만 특정 쇼
핑몰에서는 검색을 하지 않고 클릭하는 성향이 있다. 인터넷 사용성을 연구
하는 UIE 사의 재러드 스풀Jared M. Spool의 연구결과에 의하면 키워드 검색보
다 웹 내비게이션을 이용한 카테고리 클릭이 더 높은 잔류 성향을 보인다고
한다. 키워드 검색은 20% 정도가 잔류하고 카테고리 클릭은 62%가 잔류한
다고 하니 약 세 배 가까이 차이가 난다.

대부분의 대형 쇼핑몰은 하단에도 다시 한 번 카테고리 정리를 해서 클릭
을 유도한다. 개인 쇼핑몰 운영자 입장에서는 크게 필요를 느끼지 못하는 부
분이다. 상품의 구성이 대형 쇼핑몰에 비해 빈약한 한계도 이유가 되나 잠재
고객은 그 부분을 이해하지 않는다는 점이 문제다.

롯데닷컴의 하단의 웹 내비게이션은 클릭을 다시 한 번 유도하는 것이다

비교적 단순한 웹 디자인의 쇼핑몰을 예로 들어보면 데이터의 양에서 차이가 있을 뿐 엄연히 웹 내비게이션이 존재한다. 대기업 쇼핑몰을 방문한 잠재고객이나 개인 쇼핑몰을 방문한 잠재고객의 클릭 여부를 결정하는 프로세스는 동일하다. 단지 클릭하지 않고 엑스박스를 누르고 나가기 때문에 문제가 된다. 그러므로 이벤트, 고객 참여 게시판, 상품 카피, 스토리텔링 등이 담긴 여러 콘텐츠를 쇼핑몰 디자인을 통해 표현할 필요성이 있다. 개인 쇼핑몰은 품목이 비교적 한정되어 있기 때문에 상품 리스트도 웹 내비게이션의 역할을 대신한다.

계속되는 클릭은 상세설명으로 이어진다. 그만큼 체류시간이 늘어나면 그 시간에 소비자는 특정 쇼핑몰의 콘텐츠를 자신도 모르게 기억하려고 한다. 그 순간 재방문 검색의 패턴이 바뀌게 된다. 첫 방문이 특정 단어를 통해 방문한 것이었다면 체류 후에는 쇼핑몰의 이름을 기억하고 쇼핑몰 이름으로 검색해오는 패턴이 된다. 그리고 검색이 귀찮은 이는 즐겨찾기에 추가하기도 한다.

여성의류 쇼핑몰 디그의 웹 내비게이션

　　쇼핑몰 디자인은 키워드 광고에도 영향을 미치기 때문에 정성스러운 디자인 과정이 반드시 선행되어야 한다. 쇼핑몰 운영자는 어떤 구성으로 유입자의 시선을 어떻게 끌고 클릭을 유도할 수 있을지 고민하며 스케치를 반복해야 한다.

　　이렇게 뼈대가 완성되었다면 나머지 살을 붙이는 작업이 웹디자이너의 몫이다. 물론 그만큼의 비용은 들어가겠지만 당신에 의해, 당신을 위한, 당신만의 쇼핑몰이 탄생하게 될 것이다.

상품의 상세설명은 어떻게 해야 하나

안나키즈www.annakids.co.kr라는 쇼핑몰이 있다. 대박 쇼핑몰로도 유명하지만 쇼핑몰 운영자 사이에서도 부러움을 사고 있다. 매니쉬한 코디 제안도 정평이 나 있지만 무엇보다 독특한 점은 피팅모델이 없다는 것이다. 상품사진으로만 구성되어 있다. 코디 제안도 보면 각 상품의 이미지를 편집한 것이 전부이다.

　예쁜 피팅모델도 없고 광고나 홍보에 열을 올린 것도 아닌데 성공할 수 있었던 이유는 무엇일까? 일단 안나키즈의 강점은 타고난 코디 능력이다. 옷

전형적인 쇼핑몰 디자인을 유지하는 안나키즈

안나키즈는 패션잡지에 못지 않은 탁월한 코디 감각을 보여준다

하나에서 끝나지 않고 코디에 맞추어 여러 종류의 옷으로 집합적인 코디 제안을 한다. 개인이 운영하는 쇼핑몰 중에 코디 제안 능력은 타의 추종을 불허한다. 당연히 하나의 상품에서 다른 상품으로 구매가 이어진다. 상품의 상세설명도 남다르다. 사진을 여러 장 촬영하여 색깔별, 치수별 등의 식상한 나열에 그치지 않고 독특한 자신만의 상세설명 방식을 통해 손님의 구매를 유도한다. 구매 결정이 이루어지는 부분은 판매상품에 대한 구체적이고 세밀한 묘사이기 때문에 이 점을 효과적으로 활용하고 있는 것이다. 이것이 왜 중요한지 안나키즈의 상품 상세설명을 보며 알아보자.

■ 다양한 코디를 제안하라

안나키즈는 상세설명에 앞서 판매상품에 대한 다양한 코디 제안으로 시작한다. 옷을 구매하는 소비자, 특히 여성은 새로 구매할 옷을 어떻게 코디할 것인지 고민한다. 따라서 깐깐하게 볼 수밖에 없다. 옷을 잘못 구매하면 틀에 박힌 코디만 나오기 마련인데 안나키즈는 이런 소비자의 우려를 초반에 불식시킨다. 판매상품은 티셔츠이지만 바지, 스커트, 액세서리, 핸드백, 신발의 코디까지 제안한다. 이 화면을 보는 잠재고객은 자신의 옷장에 있는 옷들과 제안된 코디와 비교해가며 편하게 쇼핑할 수 있다. 매칭하기 어려운 액세서리와 가방, 신발까지 제안해주니 이보다 더 좋은 기준이 없다. 다른 의류 쇼핑몰에 비해 교환이나 반품의 확률이 적은 것은 당연하다. 안나키즈만의 천부적인 코디 능력은 이곳만의 쇼핑몰 UX가 된다. 이처럼 의류 쇼핑몰은 코디를 제안하지만 전자제품, 악기, 화장품 등 다른 아이템을 판매한다면 연관 아이템을 매칭하는 것으로 이해하면 된다.

상품을 재미있게 설명하라

안나키즈의 상세설명은 패션잡지에서 볼 듯한 품평으로 되어 있다. 현재 시기가 어떤지 알리는 글로 시작하여 직접 만지지 않아도 이해할 정도로 자세하게 재질을 설명했다. 또 하나 직접 입어보지 않으면 절대 알 수 없는 귀중한 충고가 상세설명에 포함되어 있다. 몸에 붙지 않는지, 붙는다면 어떻게 코디를 해야 하는지, 몸으로 느끼는 착용감은 어떤지 등 친절히 알려주고 있

아직도 날씨가 많이 덥긴하지만,,
그래도 아침저녁으론 공기가 좀 들려진거 같아요~^^
완전 한여름 옷 입기엔 먼가 허전한 느낌이구요 ;;

간절기 아이템들 많이 필요할 시기인데요~
단품으로 입기 좋은 칠부티들부터 먼저 소개해 드려려구요~^^

요아이도 정말 괜찮은 제품인데요~
와인색으로 넥라인, 포켓부분 배색처리되어
세련되고 센스있는 느낌이에요.

모달스판소재인데요, 소재가 너무너무 부드럽고 신축성 좋고 탱탱한 느낌이에요.
한여름 매끈한 소재들에비해선 좀더 가을스러운 느낌이 나구요.
두께는 얄상한 감인데 비침이 많거나 하진 않아요.
간절기에 단품으로 입기 좋은 두께구요.
더 쌀쌀해지면 자켓이나 가디건안에 매치하셔도 좋으실거에요~^^

기장은 16U기슨으로 쭈복 내리시면 힙 가리는 길이감이구요.
살짝 힙선에 걸쳐 자연스럽게 입기에도 좋아요.
무겁게 롱한 느낌은 아니구요.

전체적으로 슬림라인이에요.

55분들은 살짝 여유있는 슬림라인,,
66분들 에쁘게 맞으시구요.
66반분들은 좀 핏되시면서 가능하세요.
77분들은 좀 군살이 드러나실수 으실거 같네요~^^

어깨선도 딱 떨어지고 소재라인도 슬림해요.
소매기장은 7부보다는 좀더 긴느낌,, 8부에 가까워요~^^

슬림한 핏이지만 많이 부담스럽게 들러붙는 라인 아니구요.
슬림하면서도 적당히 편안하게 입을수 있는 핏이랍니다~^^

새로입고된 디노스키니팬츠와 매치하셔도 너무 좋구요.
가벼운 면스커트와 매치하셔도 굿이에요~^^

색상도 모두모두 다~~ 예뻐요~^^

세탁방법 : 드라이크리닝

소재 : 모달90% + 스판10%

size free (55-66)
가슴반품43 / 어깨너비37 / 소매기장45 / 팔뚝반품15 / 총장65

안나키즈는 상품을 맛깔나게 설명하는 쇼핑몰 운영자의 필력이 돋보인다

다. 체형별로 피팅감을 전달하는 것도 잊지 않고 있다. 이미 여러 쇼핑몰에서 체형별 피팅모델의 후기를 알려주고 있기도 하다. 이런 점을 미리 이해하고 구매하면 당연히 구매고객의 단골화가 한결 쉬워진다.

착용 후 상세설명은 부지런하지 않으면 불가능하다. 상품의 수만큼 입어봐야 하는 것은 물론이고 입었을 때의 스타일은 단순히 보는 것과는 어떻게 다르며 판매상품마다 달리 나오는 스타일 포인트는 무엇인지 파악해야 한다. 길이나 느낌, 살결에 느껴지는 착용감도 메모해야 하고 키에 따라서 어떤 스타일이 나올지 등도 예상할 수 있어야 한다. 보통의 쇼핑몰 운영자라면 사진을 찍고 피팅모델에게 입혀 피팅감을 표현하면 그만인 일이다.

여기서 피팅모델 촬영에 대해서 짚고 넘어가자. 의류 쇼핑몰 운영자는 상품의 특성상 피팅모델의 존재는 필수사항이다. 설정이 있어야 하기 때문인데 초기 쇼핑몰 운영자는 상당한 비용과 시간을 감수해야 한다. 도매시장에 가서 사입하고 상품을 업데이트하기도 바쁜데 시간을 내서 피팅모델을 구하고 포토그래퍼와 스튜디오, 또는 야외촬영도 해야 한다.

말이 야외촬영이지 연예인 화보촬영이 따로 없다. 차량도 필요하고 수십 벌이 되는 의류, 구두, 액세서리 등 보조요원도 필요하다. 더군다나 보조하는 사람이 없으면 쇼핑몰 운영자가 일일이 들고 다녀야 한다. 커피 한잔 마시며 잡지를 읽는 설정이라면 커피 한잔을 사서 마셔야 하고 커피숍 주인에게 양해를 얻어 장소도 섭외해야 한다. 올림픽 공원처럼 찍을 곳 많은 곳이면 좋지만 사진을 찍으려고 하면 공원의 관리원이 와서 제지한다. 게다가 주차료, 식사비 등도 무시하지 못한다.

이렇게 고생해서 촬영을 해 올리면 문제가 또 발생한다. 판매상품의 설정

야외촬영은 매출이 꾸준할 때 시작하는 것이 좋다
(출처: 바가지머리)

이 피팅모델의 설정으로 코디가 굳어지는 것이다. 이것은 코디를 제안한 것에 부담을 느끼는 소비자라면 구매를 망설이게 되거나 구입을 해도 교환이나 반품의 확률이 높아진다. 이유는 간단하다. 피팅모델은 하늘하늘한데 나는 부하게 보이고, 피팅모델은 말랐는데 내 얼굴은 커보이거나 네모난 턱이 더 도드라져 보이기 때문이다.

돈 들이고 시간 들여서 제작한 상세설명이 이런 효과를 가지고 온다면 쇼핑몰 운영자는 멘탈붕괴로 이어진다. 초기 운영 시에는 피팅모델과 야외촬영을 고집해야만 하는지에 대해서 고민해보길 바란다. 또 다시 강조하지만 쇼핑몰 운영자는 아이템의 전문가가 되어야 한다. 의류 쇼핑몰 운영자라면 무수한 패션잡지를 탐독하고 연예인 스타일을 연구하며 백화점을 돌아다니며 감을 키워야 소비자의 트렌드를 읽을 수 있다.

초기 쇼핑몰 운영자는 피팅모델을 섭외하고 야외촬영을 할 시간에 구매확률이 높은 상품을 제안할 수 있는 능력을 키우는 것에 투자해야 한다. 야외촬영을 하지 않는다고 기본이 안 되었다며 욕하는 소비자는 없다. 오히려 상세설명을 본 것과 실제로 구매한 것에 차이가 없다며 무난하게 입을 수 있다고 더 선호하는 것이 소비자이다. 이러한 연구시간 없이 그동안 쌓아온 자신의 감만으로 사입을 하는 행위는 아집이 될 수 있다.

실제 사례를 예로 들어본다. 수년간 스튜디오에서 연예인 촬영을 비롯해 잡지의 화보촬영, 광고촬영 등 상업촬영에 잔뼈가 굵은 A씨는 무수한 연예인과 스타일리스트를 만나면서 패션에 대한 안목이 생겼고 자신감도 충분했다. 그렇게 쇼핑몰 운영을 시작했다. 피팅모델, 사진촬영은 일류급이고 코디 제안도 연예인급이다. 하지만 이상하게 매출이 일어나지 않았다. 버스에 광고도 하고 키워드 광고도 두 달 넘게 진행했지만 결과는 참담했다. 회원가입은 불과 몇 명에 지나지 않았고 구매 역시 회원 수만큼만 일어났다. A씨는 도무지 이해가 되지 않았다. 상담을 통해 살펴본 이 쇼핑몰은 그야말로 유토피아였다. 일반인이 범접하기 어려운 설정과 아이템이 주를 이루었다. 보기에는 화려하지만 구매해 입기에는 소비자에게는 모험이었다. 화장도 패션쇼의 모델처럼 연출했고 헤어스타일도 청담동 어딘가에서 할 듯한 설정이었다. 블라우스를 판매하지만 바지가 더 돋보이는 등 상품전달보다는 촬영 콘셉트에 치중되어 있었다.

만약 A씨가 자신의 안목을 대중화하는 다운스텝을 밟았다면 상황은 뒤바뀌었을 것이고, 연예인의 실험적 트렌드를 대중성에 맞추었다면 매출이 가파르게 올랐을 것이다. 그렇기 때문에 우리는 야외촬영을 위한 쇼핑몰이 아닌 상품 판매를 위한 쇼핑몰이 되어야 한다.

안나키즈는 자신만의 패션잡지 기사 같은 상세설명이 끝나면 상품촬영

사진을 구성하여 잠재고객이 구매를 결정할 수 있도록 한다. 이 부분은 어느 쇼핑몰에서나 제안하는 공통된 부분이며 마네킹 상체를 활용하여 보여주지 못하는 피팅감을 심플하게 재현하고 있다.

이처럼 피팅모델을 쓰지 않는 안나키즈의 상세설명은 야외촬영에 비해 무엇이 더 효율적인지 알려주고 있다. 안나키즈의 상세설명은 뛰어난 전달력을 바탕으로 아직도 많은 소비자의 사랑을 받고 있으며 대놓고 따라 하는

마네킹을 이용해 간결하게 상품을 설명하고 있는 안나키즈의 상품 페이지

쇼핑몰도 증가하고 있는 추세라고 한다. 이름을 대면 알 만한 대형 쇼핑몰의 세컨드 쇼핑몰도 따라 한다고 하니 누가 봐도 탐이 나는 쇼핑몰 UX인 것은 틀림없다. 자신의 판매 아이템을 직접 사용하고 겪어보자. 다양한 설명이 이어지게 되고 소비자는 재미를 느끼게 된다.

■ 제안한 상품의 상품 페이지로 유도하라

상품의 상세설명이 끝나면 하단에는 코디에 제안했던 상품 이미지가 배치되어 있는 것을 볼 수 있다. 제안만 했던 것이 아니라 안나키즈에서 판매하는 상품을 함께 매치했던 것이다. 구매를 결정한 소비자라면 관심 있는 상품을 클릭해볼 것이다. 단품구매에서 묶음구매로 유도하는 훌륭한 방법이다. 당연히 체류시간도 늘어난다.

　제안된 코디상품 중 스커트를 클릭하면 해당상품의 상세설명 페이지가 뜬다. 안나키즈에서는 스커트 한 장이지만 세 가지 코디를 제안한다. 소비자는 이제 느낌이 올 것이다. 코디를 제안한 모든 상품을 안나키즈에서 구매할

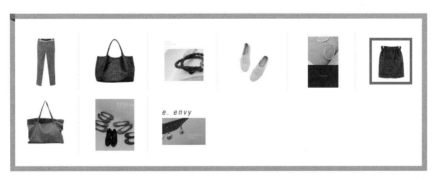

상세설명 하단에 제안한 코디 상품들을 배치하여 구매를 유도할 수 있다
(출처: 안나키즈)

수 있다는 것을 말이다.

안나키즈는 코디만으로 볼거리를 제공하면서도 넘치도록 제안을 하고 있다. 패션잡지 대신 봐도 될 정도로 괜찮은 코디 제안이다. 게다가 상품들이 서로 얽혀 있어 묶음구매율을 높인다. 마치 출구 없는 미로에 들어온 듯한 느낌이 들 정도로 판매상품을 유기적으로 제안하고 있으며 어느 판매상품 하나 낭비되는 게 없다. 쇼핑몰 내 체류시간을 자연스럽게 늘리는 순환구조

안나키즈에서 제안했던 코디상품 중에서 스커트를 선택했을 때 나타나는 상품 페이지

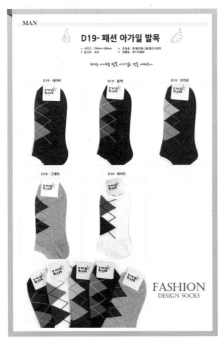
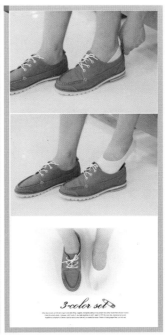

좌측처럼 평범한 사진보다는 우측처럼 피팅컷을 이용하는 것이 더 좋다.
(출처: 판매자 엔드리멤버, 조군샵)

를 만들어놓은 것을 보면 운영자의 깊은 내공을 느낄 수 있다.

　품목을 약간 전환해보자. 대부분 양말 쇼핑몰의 상세설명을 보면 재질이나 스타일 설명만 할 뿐이다. 언뜻 봐서는 판매하는 양말 사이즈가 나와 맞는지 알 수가 없고 신었을 때의 느낌이 어떤지도 모른다. 발에 신는 상품의 특성상 신어보고 반품하기도 쉽지 않다. 이에 대해서는 운영자도 뾰족한 수가 없다고 생각할 것이다. 의류나 반지, 귀걸이도 아니니 발만 덩그러니 찍어서 올리는 게 어렵고 폼도 안 난다.

　조군샵jogunshop.com은 양말의 상세설명을 색다르게 시도했다. 착용컷은 물

한우 육개장임을 강조하는 상세설명이지만 도축장으로 인해 오히려 구매 욕구를 떨어뜨린다
(출처: 밀뜨락)

론 신발을 신었을 때 어떠한 모양이 되는지 알려주고 있으며 이는 구매로 이어질 확률이 매우 크다. 같은 발목양말을 판매해도 어떤 곳은 평면적인 내용에 그치는 데 반해 어떤 곳은 신고 나서 양말의 발목 부분이 보이는지 그렇지 않은지까지 직접 시연하는 사진을 추가했다. 그 뒤에 비로소 양말사진이 이어지고 이것 역시도 직접 발에 신어본 피팅컷이다. 어떤 쇼핑몰 운영자가 더 많은 양말을 판매할 수 있을지는 단번에 짐작할 수 있을 것이다.

그렇다면 식품은 어떠한지 살펴보자. 상단의 사진은 한우 육개장이라는 것을 강조하는 상세설명이다. 조리된 육개장 사진은 미감을 자극하고 있어

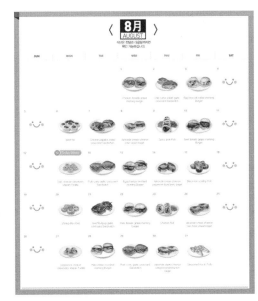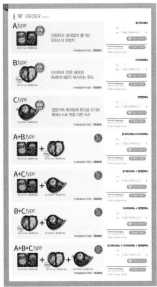

에이엠푸드의 깔끔한 구성은 마치 패밀리 레스토랑을 연상시킨다

맛있게 보인다. 하지만 큰 실수를 범하고 말았다. 쇼핑몰 운영자는 한우라는 점을 부각하려고 도축장 사진도 덩달아 올린 것이다. 아무리 육개장을 좋아할 사람이라도 소 잡는 도축장을 연상하면 육개장 한 그릇에 희생되는 소를 떠올리게 될 것이다. 이러한 상세설명은 입맛을 떨구게 만들 뿐이다.

반면 에이엠푸드www.amfood.co.kr는 간단하게 메뉴를 구성하였지만 깔끔한 상세설명으로 충분히 판매식품에 대한 이미지를 맛깔나게 전달하고 있다. 우선 달력을 보여주고 식단을 제시하여 날마다 반복되는 먹거리에 대한 대안도 제시하고 있다. 칼로리 계산과 음식의 조합도 위생적으로 조리된다는 점을 연상하게 한다.

공구의 예를 보자. 문고리닷컴moongori.com에서는 어디에 어떻게 쓰면 되는

문고리 닷컴과 같은 친절한 설명은 구매율을 높인다

공구인지 친절히 알려주고 있으며 실제 사용하고 있는 여자 손의 모습을 촬영하여 어느 정도의 힘이 들어가는지 짐작할 수 있도록 했다. 손에 비례하여 대략 어느 정도의 크기인지도 가늠할 수 있다.

　같은 물품이지만 상세설명을 통해 전달되는 느낌이 확연히 다를 수 있다. 공구 사이트에서 전형적으로 제시하는 상품사진은 생김새와 모델명은 무엇인지 전달되지만 어떻게 활용할 수 있는지는 짐작만 될 뿐이다. 정확한 크기

전형적인 상품사진이지만 정확한 내용은 전달되지 않는다
(출처: 초코상사)

도, 내용도 알 수 없다.

　결국 상세설명은 사진촬영을 반복하고 다양한 구도와 설정을 바탕으로 편집되어 쇼핑몰 운영자의 제안을 담아내는 과정이다. 사진에 대한 다양한 구도가 콘셉트로 이어지고 그 콘셉트는 상세설명으로 전이되어 소비자의 구매율을 높이게 된다. 만일 판매하고자 하는 아이템이 있다면 소비자보다 그 상품에 대해 전문가가 되어야 한다. 후기를 통해 배우는 일이 생기면 곤란하다. 인터넷 쇼핑몰의 가장 큰 난점은 소비자가 해당상품을 배송받아서 사용하기까지 공급자도 소비자도 서로를 모른다는 것이다. 하지만 최소한 공급자는 상품에 대해 상세한 설명을 구성하여 교환과 반품의 비용을 효과적으로 줄일 수 있다. 또한 설정이 좋은 상세설명은 잠재고객의 체류시간을 늘리고 구매전환율을 높일 수 있게 해준다. 단지 보기 좋게 하는 상세설명이 아닌 실용적인 상세설명이 주가 되어야 하며 이를 뒷받침하는 것은 쇼핑몰 운영자의 상품에 대한 폭넓은 이해와 체험, 그리고 이를 소비자에게 전이시키는 편집이다. 이는 매출의 규모를 결정하는 중요한 요소가 된다. 쇼핑몰 상세설명의 UX는 바로 이렇게 만들어진다.

Chapter 4

운영 UX:
초심을 잃지 마라

shopping mall
UX

도대체 마진은 어떻게 남겨야 하나

오프라인 판매가가 온라인 판매가보다 낮게 책정될 수 없다고 생각되던 시절이 있었다. 오프라인 마켓을 오픈하기 위해서는 매장, 직원, 그리고 일정한 재고가 항상 필요한데 이 유지 비용이 온라인에 비해 많이 투입되기 때문이다. 적어도 몇 년 전까지는 상당히 설득력 있는 이론이었다.

하지만 지금은 상황이 달라졌다. 오프라인의 역습이라고 할 정도로 온라인 쇼핑몰 상품가와 비슷하게 혹은 더 낮은 가격으로 판매하는 브랜드가 늘었다. 탄탄한 대기업이 풍부한 자본력을 바탕으로 저가의 상품을 대거 판매하기 시작한 것이다.

경기가 좋지 않아 소비자의 호응도 상당하고 제품의 질도 가격과 비교해 품질이 좋다. 사실 이런 분위기가 감지된 것은 이미 몇 년 전부터였다. 신발을 판매하며 오프라인 판매가를 항상 확인했는데 수입하려는 가격보다 못한 소매가를 여기저기에서 볼 수 있었다. 당연히 그때마다 가슴이 철렁했다. 이러한 위기 의식은 시간이 갈수록 심해졌다. 처음에는 지하철 매장, 유동 인구가 많은 상권의 깔세매장(망한 가게를 일정 기간 계약한 후 저가상품 위주로 판매하는 임시 가게)이 주를 이루더니 대형 할인매장도 속속 등장하기 시작했다. 이제 저가로 승부하는 시대는 지났다.

■ 상품을 감별하는 능력을 길러라

가격을 낮춰 팔려면 도무지 끝이 보이지 않는다. 이전에 어느 도매상인이 연신 담배를 피우며 토로한 고민도 같았다. 구색을 위해 수입한 물품을 오픈마켓에서는 자신이 들여오는 가격에 팔더라는 것이다. 결국 땡처리하듯이 팔아야 했다고 한다.

많은 마케팅 전문가는 마진을 남겨서 팔라고 이야기하며 그래야만 당신이 살 수 있다고 한다. 맞는 말이지만 마진을 남기고 싶어도 쉽지 않다. 저렴하게 판매하지 않으면 판매가 안 된다. 마진을 남겨 상품을 판매하기 위해서는 상품을 감별하는 능력이 중요하다. 저가 브랜드의 카테고리를 파악하여 그들의 상품군과 겹치는 아이템은 과감히 버려야 하고 여기저기에서 판매하는 아이템도 피해야 한다. 그 능력이 가격경쟁을 최소화하는 유일한 방법이다.

■ 마진율이 중요하다

마진이 될 만한 상품을 정했다면 이에 대한 마진율을 결정해야 한다. 이상적인 배율은 두 배가 좋다. 운이 좋으면 이보다 좀 더 책정할 수 있는 아이템도 발견할 수 있다. 그러나 1.6배나 1.5배는 미끼상품이 아니라면 피하는 것이 좋다. 규모화가 되었다면 모를까 적은 마진은 쇼핑몰을 운영하는 초반에는 치명적이다. 그만큼 구매력이 약한 상품을 구해 왔다는 말밖에 되지 않기 때문이다.

마진율은 스스로 결정할 수 있지만 매월 투입되는 고정 비용은 일정하다. 초반에 판매량이 많지 않아 마진율 차이가 0.2밖에 차이가 나지 않더라도 판매량은 2~3배가 되어 마진이 동일해지는 경우도 있다. 이때는 1.8배로 100개의 상품을 내보낼 것을 200~300개를 내보내야 한다는 황당한 상황이 벌어진다. 산술적으로는 도무지 이해가 안 될 것이다. 교통비, 통신비, 택배비 등은 눈앞에서 대략 계산할 수 있지만 재고가 문제이다. 재고 변동에 따라 최소 판매량이 차이가 난다. 또한 초반에 지출되는 광고 비용도 상당한 영향을 미치고 세금도 변수가 된다.

쇼핑몰 운영 초반 아이템을 선별할 때 살아남고자 한다면 마진율을 1.8배 정도로 생각하며 사입해야 한다. 1.6배의 마진상품이 많을수록 과감하게 상품 구성을 새로 해야 한다. 결국 얼마나 도매시장을 잘 알고 있으며 판매하고자 하는 상품을 잘 이해하고 있는지에 따라 결정될 수밖에 없다. 판매하는 물품의 전문가가 되지 않고선 마진율도 제대로 정하지 못하는 사태가 벌어진다.

직접 경험했던 것을 예로 들겠다. 매출이 줄어들 때 궁여지책으로 브랜드 신발에 손을 댔었다. 이유는 단순히 판매하기 편했기 때문이다. 어렵게 자리를 잡아 1만 켤레 가까이 판매했다. 커스텀Kustom(기성복을 재가공하거나 디자이너의 의상을 양산하는 방식의 패션으로, 여기서는 기준을 제시하는 의미에서 사용했다)은 마진을 1.6배로 했고 리미티드 에디션Limitid Edition(한정판)은 두 배로 설정했다. 판매되는 패턴과 재고의 상황에 따라 어느 날은 커스텀이 많이 나가고 어느 날은 리미티드 에디션이 많이 나갔다. 이 차이로 인해 매월 결산할 때마다 내 손에 쥐어지는 금액의 차이가 상당했다. 어느 날은 한정판 재고가 소진되어 커스텀으로만 판매를 진행한 적이 있는데 결국 그 달은 마진을 남겼다고 말하기 부끄러울 정도의 판매를 했다.

평균 6개월 동안 판매된 금액을 바탕으로 그동안 쓰인 고정비와 세금 등의 유동 비용을 제외하고 보니 개당 평균 10% 내외의 순마진이 계산되었다. 당연히 신상품을 입고하기 위해서는 바로 이 순마진에서 투입해야 하는데 개당 2천 원을 남겨 개당 1만 8천 원 재고를 들여오는 꼴이 된다. 아홉 켤레의 순마진이 한 켤레 입고 비용으로 들어가는 것이다. 그렇다면 얼마나 많이 판매를 해야 했을까? 여기서 우리는 불량품이나 교환, 반품으로 인해 소비되는 금액도 생각해야 한다. 그래서 쇼핑몰의 기초대사량을 유지하려고 낑낑거리며 판매했던 기억이 있다. 그나마 성수동을 몇 개월 동안 전전하며 뚫어놓은 수제화 공장이 있어 버틸 수 있었다. 그렇지 않았다면 손해를 보았을 것이다.

쇼핑몰이 앞으로는 팔고 뒤로는 손해를 본다는 것이 바로 이런 이유다. 어려운 일이라는 것을 알지만 최소 1.8배~2배 정도의 마진을 남긴다는 목적의식을 가지고 상품을 사입해야 한다. 판매상품의 전문가가 아니면 불가능하다는 이유가 마진율을 결정할 때도 여실히 드러난다.

정말 아무것도 모르는 사람은 이렇게 생각할 수도 있다. '1만 원 팔아서 5천 원이나 남겼네? 50% 마진이야! 하나 팔면 하나 값이 남네. 무조건 대박이다!' 그러나 잘 생각해야 한다. 그나마 꾸준한 판매량을 전제조건으로 하여 두 배 가격에 팔아야 순마진 10% 정도가 남는다.

마진 책정은 정말 중요하다. 마진에 따라 쇼핑몰 디자인을 얼마나 자주 바꿀 수 있으며 광고비의 규모는 어떻게 할 것이고 교환이나 반품비는 어떻게 할 것인지 정할 수 있다. 마진이 남는 만큼 쇼핑몰 UX의 완성도도 달라지게 된다. 따라서 상품이 하나 판매되면 해당상품에 대한 수익률을 계산할 필요가 있다. 이를 무턱대고 세무 신고로 대신하면 어렴풋이 알 수 있지 않겠느냐고 생각하겠지만 분기나 반기마다 체크한다는 것은 상품의 순환이 빠른 쇼핑몰 운영에는 적합하지 않다.

초심을 잃지 말아야 한다는 말은 무슨 일을 시작할 때마다 듣는 이야기이다. 초심이란 것은 순수하고 열정적이다. 생각해보라. 당신이 이 책을 통해 단계를 밟아가며 쇼핑몰을 오픈했을 때의 그 기분을 말이다. 두려우면서도 내 꿈이 시작되었다는 기대감에 설렐 것이다.

그렇다면 첫 구매고객은 쇼핑몰 운영자에게 어떤 존재가 될까? 감사하다 못해 존경 그 자체의 존재로 자리잡는다. 나의 아이디어를 인정해줘서 감사하고 내 노력을 가상히 여겨준 것 같아 감사하다. 하다못해 다른 쇼핑몰도 있는데 왜 나한테 샀을까 하는 생각도 든다. 무엇이든 첫 단추가 중요하다. 그러므로 쇼핑몰 첫 고객도 마찬가지다. 일단 구매를 하고 교환이나 반품이 없던 소비자는 최소 한 번은 내 쇼핑몰에 다시 온다. 구매했을 때의 기억이 있기 때문이다.

■ 첫 구매고객에게 감사 메시지를 전하라

쇼핑몰 운영 초반에 반드시 해야 할 일이 있다. 판매상품 각각의 첫 구매고객에게 감사의 전화를 돌리는 것이다. 통신비를 아까워하지 말자. 손으로 일일이 써서 보내는 편지보다 시간도 절약되고 소비자와의 대화를 통해 얻는 것도 많다.

고객의 입장에서 보자. 당신의 쇼핑몰은 그 사람의 반복된 소비 중 일부분일 뿐이다. 그런데 대뜸 전화가 와서 쇼핑몰의 한 아이템을 처음 구매한 소중한 고객이라고 한다. 전화 너머로 들리는 목소리에서 진심이 묻어나온다. 해당상품을 보내드렸다며 받아볼 상품이 마음에 드셨으면 한다고 말한다. 행여 마음에 들지 않는다면 교환이나 반품도 원하는 대로 해주겠다고 한다. 여기서 끝이 아니다. 첫 구매고객님을 위한 별도의 이벤트를 준비하고 있다고 살짝 정보를 흘려준다. 소비자가 쇼핑몰의 첫 구매자로서 누리는 묘한 소속감도 주는 것이다. 당연히 머릿속에 쇼핑몰이 각인된다. 그리고 다음날 물품을 받아 구매상품을 확인하면 새롭게 느껴진다. 이렇게 첫 구매고객에게 나만의 쇼핑몰 UX를 선사하는 것이다.

여기서 끝나면 안 된다. 배송을 잘 받았는지 또 한 번의 전화를 한다. 택배 직원이 불친절하지 않았는지(사실 택배직원의 친절함 여부는 관여할 수 없다. 그런데 택배 직원이 불친절하다고 게시판에 올리는 소비자가 간혹 있다) 받은 물품은 생각한 것과 차이가 크지 않은지 등을 물어보자. 왜냐하면 이렇게 고객관리를 하는 곳이 어디에도 없기 때문에 고객의 인상에 깊이 남는다. 당신이 시작하는 그 초반의 진정성을 꼭 고객에게 전달하라! 소비자는 교환이나 반품에 대해 두려움이 있다. 쇼핑몰 운영자는 이를 역이용하여 구매자에게 신뢰를 주는 것이다. 신뢰는 곧 만족으로 이어지고 그 만족은 쇼핑몰에 대한 소속감으로 이어진다. 운영자에게도 대충하면 안 되겠다는 책임 의식이 생긴다.

쇼핑몰 운영 초반에 단골고객을 확보하는 것은 어렵지 않다. 물론 전제조건은 판매 아이템의 구성이 좋아야 한다는 것이다. 아무리 인테리어가 좋고 직원이 친절해도 맛이 없으면 가지 않는 식당과 같다. 맛이 좋고 친절하며 깔끔하다면 그 식당은 더 빨리 성장할 것이다.

오프라인 식당의 사례를 들어보겠다. 이름만 대면 누구나 아는 샤브샤브

프렌차이즈이다. 개인적으로 이곳의 샤브샤브를 좋아해 지역을 가리지 않고 간판이 있으면 들어가서 먹었다. 하지만 같은 프렌차이즈임에도 그 미묘한 차이가 느껴졌다. 또한 가맹점주에 따라 가게의 성격이 달라진다. 그런데 그중 한 곳이 다른 가맹점이 하지 않던 쿠폰을 주는 것이었다. 음식값을 지불하고 고기 추가 쿠폰을 영수증과 함께 받았던 기억은 아직도 생생하다. 네 번 정도 가니 쿠폰을 줘서 무엇이냐 물으니 다음에 오면 고기를 서비스하겠다는 것이었다. 샤브샤브에 고기를 추가한다는 것은 아주 매력적인 서비스이다. 생각하지도 못한 고기 쿠폰이 생겨서 또 방문하게 되었고 갈 때마다 고기 쿠폰을 계속 지급했다. 계속 받으니 받는 입장이 오히려 더 민망해져 물어봤다.

"이러면 돈이 남으세요?"

"쿠폰 때문에 또 오신 거라면 저는 남는 장사를 한 거죠."

고객 입장에서 그 쿠폰의 가치는 5천 원이다. 식당 주인에게 쿠폰의 가치는 1천 원도 안 된다. 이 쿠폰을 사용해 일행과 식사를 하여 1만 8천 원을 지출했다. 쿠폰 받을 때는 몰랐는데 언젠가부터 샤브샤브는 다른 곳이 아닌 이곳에서만 먹게 되었다. 물론 쿠폰을 남발하는 것도 아니었다. 계속 받다가 받지 못해도 원망스럽지 않았던 것은 이미 받을 만큼 받았다는 생각이 들었기 때문이다.

■ 고객과 사은품을 통해 소통하라

구매빈도를 철저히 체크하자. 열 명의 첫 구매자 모두 반드시 재구매로 이어지지 않는다. 여덟 명은 언제 그랬냐는 듯이 떠난다. 중요한 건 나머지 두 명이다. 당신만의 전문화된 역량과 쇼핑몰 UX가 완성되었다면 나머지 두 명의 재구매 확률은 높아진다. 만일 두 번째 구매를 한 재구매자가 나타나면 지체하지 말고 전화를 해 잊지 않고 찾아주셔서 정말 감사드린다고 인사하며 한 가지 제안을 하라. 작지만 작은 선물을 하나 준비하였는데 어떤 것을 선택하겠느냐고 묻는 것이다. 여기서 한 가지 팁은 값이 싸더라도 반드시 활용성이 높은 사은품을 준비해야 한다는 것이다. 유통기한이 넘었을지 모를 사탕이나 비스킷 같은 건 준비하지 말자. 다운로드 상품권도 절대 금물이다. 고객은 다운로드 혜택을 받기 위해 해당 사이트에 들어갈 정도로 부지런하지 않다. 조금 더 돈을 들여 유용한 것을 준비하자. 가령 옷 먼지를 떼어내는 먼지제거기도 좋고 스푼이나 젓가락도 좋다. 일상생활에서 활용하는 소품은 널려 있다. 발목 양말, 손수건, 스포츠 타월, 행주 등 가리지 말고 소비자가 자주 사용할 수 있는 것으로 준비하자.

그렇다면 고객에게 사은품을 선택하게 이유는 무엇일까? 바로 사은품을 통해 고객과 대화를 자연스럽게 이끌어가라는 의미이다. 그리고 우리가 상품 업데이트를 하려고 하는데 고객님의 의견이 궁금하다며 혹시 다른 쇼핑몰에 비해 놓치고 있는 건 없는지, 어떤 서비스를 원하는지 등 넌지시 물어라. 이 중 여덟 명은 대충 대답하고 말겠지만 두 명은 성실하게 대답해준다. 만약 두 명마저 없다면 고객과 커뮤니케이션 하는 방법이 서툴다는 뜻이다.

계속 시도를 하다 보면 고객과의 소통의 기술도 늘고 이는 고객응대력에도 큰 보탬이 된다. 이런 식으로 꾸준히 두 명이 모이면 당신이 듣는 고객의 소리와 소통의 부피 및 규모는 상상하는 이상으로 커질 것이다. 이것이 노하우로 이어지는 것은 물론이며 소비자의 니즈를 그대로 쇼핑몰에 투영시킬 수 있다. 니즈를 반영하면 자연히 입소문이 난다. 자연히 입소문을 위한 '입소문 마케팅 비용'이 해결될 것이다.

세 번째로 구매하는 고객부터는 골수 단골고객으로 대해야 한다. 당신의 쇼핑몰에서 세 번을 구매했다면 이미 당신의 편이나 마찬가지이며 당신의 노력이 비로소 규모화되는 단계에 이르렀다는 뜻이다. 또한 한곳에서 세 번 구매했다는 것은 단골도 단골이지만 쇼핑몰 운영도 잘되고 있으며 일종의 검증을 마쳤다는 이야기가 된다.

■ SNS를 활용하자

최근 SNS가 위태롭다는 보도가 연일 이어지고 있지만 아직도 많은 사용자가 있기에 SNS 활용법을 알아보도록 한다. 많은 쇼핑몰이 홍보용으로 트위터나 페이스북을 이용하고 있지만 생각만큼 쉬운 것이 아니다. 단기간에 많은 팔로워를 구축하기란 매우 어렵다. 쇼핑몰 운영자가 SNS에서 큰 재미를 보지 못하는 이유는 상품 홍보와 싸구려 증정 이벤트에만 주력하고 있기 때문이다.

SNS는 이렇게 이용하자. 일단 구매고객에게 신상품에 대한 파격적인 할인 정보를 당신에게만 알려주겠다고 한다. 친구를 데리고 와도 동반 할인을 해주겠다고 제안하라. 그리고 정말로 원가이거나 원가보다 낮은 가격으로 그 고객에게 할인을 제공한다. 단 SNS를 통해서만 한정수량의 신상품을 제공하여 SNS로 들어오게끔 유도해야 한다. 여기서 절대 안 나가는 상품이나 재고를 제안하면 금물이다. 따끈따끈한 신상품이나 베스트 상품 등의 할인을 걸어야 한다. 이는 자발적인 입소문과 호기심을 자극하기 위해서다. 그리고 동반 할인을 제안하는 이유는 고객을 통해 새로운 고객을 맞이할 수 있기 때문이다. 돈 주고 광고도 하는 판에 마진을 포기하고 새로운 고객을 불러들이는 것은 결코 나쁘지 않다. 소셜커머스에서 반값으로 할인하는 쇼핑몰도 많은데 단골고객에게 제공하는 파격 할인은 고객 서비스라는 점에서 결코 손해보는 것이 아니다.

여기서 설정이 필요하다. 조기에 품절이 되었다는 것을 휴대폰 문자로 알린다. 문자로 마감되었다는 사실을 알게 되면 정말 많은 사람이 신청한다고 생각을 하게 되고 쇼핑몰에 들어와 행사상품이 무엇이었는지 확인하게 된다. 이렇게 SNS 방문을 또 한 번 유도하는 것이다. 만약 마감이 되었지만 어떻게 안 되겠냐고 문의하는 전화가 온다면 SNS를 활용한 단골 마케팅은 성과를 보이기 시작하는 것이다. 이때 "그렇지 않아도 정말 반응이 좋아서요. 단골 할인상품이 금방 마감되었어요. 정말 죄송합니다"라고 말하며 최소한 두 번 정도는 튕겨줘야 한다. 마음이 쫓기는 건 단골고객이다. 여기서 당신의 눈치도 정말 중요하다. 알았다고 전화를 끊으면 손해가 되니 타이밍을 잘 맞춰서 못 이기는 척 그 요구를 들어주자. 절대 단골에게 제공하는 할인이나 혜택을 아까워해서는 안 된다. 단골과 소통이 많으면 많을수록 유리해지는 것은 쇼핑몰 운영자이다.

대부분 쇼핑몰 운영자는 성장을 한 후에 고민이 생기기 마련이다. 쇼핑몰은 컸지만 애매하게 정체기가 오는 것이다. 고객도 꾸준히 구매하고 쇼핑몰 운영자도 꾸준히 상품을 판매하지만 어느 이상 성장하지 못한다. 이유는 간단하다. 소비자와 공급자 간의 동상이몽이 반복되기 때문이다. 고객은 무언가 부족함을 계속 느끼지만 쇼핑몰 운영자는 도통 눈치를 채지 못한다. 단골

고객과의 소통은 성장 후 정체기를 극복할 수 있는 가장 중요한 수단이 된다는 것을 잊지 말아야 한다. 화끈하게 단골고객을 위한 이벤트를 반복하다 보면 어느새 늘어난 팔로워를 볼 수 있게 될 것이다.

이와 같은 방식을 SNS보다 더욱 빠른 서비스로 이용할 수도 있다. 카카오톡으로 대표되는 스마트폰의 활용이다. 중요한 점은 SNS보다 메시지의 수를 좀 더 아껴야 한다는 것이다. 카카오톡의 특성상 카카오톡 사용자는 무수히 많은 메시지를 받는데 일일이 답하는 것도 보통 일이 아니다. 시도 때도 없이 할인 이벤트를 한다고 메시지를 남발하면 차단당하기 쉬우니 횟수는 최대한 줄이고 강력한 한 방을 준비해야 한다. 강력한 한 방이란 결국 화끈한 할인이다. 신상품, 베스트상품 등에 한해 절반 가격 이상으로 할인 이벤트를 하는 것이 좋다.

■ 개척하기보다는 기존의 고객을 관리하자

이름을 대면 다 아는 쇼핑몰의 사례를 살펴보자. 이 쇼핑몰의 운영자가 실천하고 있는 고객관리 노하우를 소개한다. 하지만 노하우를 알게 되면 겨우 그거였냐며 허탈할 것이다. 여성의류 쇼핑몰인 이곳은 월 4만 개의 상품을 판매한다. 매출규모가 어떤지 짐작될 것이다.

이 운영자는 철저하게 기존의 고객을 관리한다. 처음 상품을 구매할 때는 그냥 상품만 배송한다. 여기까지는 일반 쇼핑몰 운영자와 별 차이가 없다. 하지만 꼭 챙기는 것이 있다. 바로 고객의 생일이다. 월 4만 개 정도의 상품이 팔리는데 일일이 고객의 생일을 챙기기란 쉽지 않다. 1년이면 약 50만 개의 상품이 나간다는 말이고 명목적으로 계산하면 이 쇼핑몰을 이용한 고객이 50만 명에 육박한다는 것이다. 즉 하루에 챙겨야 하는 생일인 고객은 1370명이라는 말이 된다. 이렇게 물리적인 어려움에도 생일마다 집에서 쓰기 쉬운 메모장, 귀걸이, 볼펜 등을 선물로 보낸다.

다른 분야에서의 사례도 살펴보자. 사람을 대상으로 하는 영업 중에서 가장 어려운 것이 보험 영업이다. 보험은 한번 가입하면 최소한 10년, 많게는 수십 년을 부어야 하는 것이기 때문에 사람을 거의 세뇌시켜야 한다. 철저한 논리를 기반으로 하는 말발의 영업이다. 보험 회사가 처음 필드로 나가는 보험 설계사에게 신신당부하는 것이 있다. 절대로 개척하지 말 것! 그러다 보니 대학 친구, 동네 친구, 친척, 가족 등 가릴 것 없이 주변 사람부터 집중적으로 공략하기 시작한다. 이를 지인 영업이라고 하는데 여기서 성공하는 사람과 실패하는 사람이 갈린다. 성공하는 보험 설계사의 전형적인 모델은 사람이 사람을 소개시켜주는 경우다. 뒤집어서 말하면 다른 사람에게 소개해도 욕을 먹지 않을 것이라는 생각을 할 정도로 보험 설계사가 괜찮다는 말이다. 이 소개가 나오기까지 보험 설계사는 또 다른 숙제를 풀어야 한다. 바로 소비자 경험인 UX이다.

국내에만 17만 명 정도 되는 설계사가 있다고 한다. 도처에 널리고 널렸으며 이는 쇼핑몰 운영 환경과 매우 흡사하다. 누구나 보험을 판매하고 가입할 당시에는 간이나 쓸개 모두 꺼내줄 것처럼 행동한다. 하지만 가입한 후 깜깜무소식인 경우가 많다. 나쁘게 말하면 책임지지 않는다는 말이다. 워낙 보험 영업은 실적을 중요하게 생각하기 때문에 어쩔 수 없는 현실이기도 하다. 결국 관리를 잘해주겠다는 믿음을 지키는 것 자체가 어렵다는 것이다. 어찌 보면 너무 단순하지만 이 약속을 꾸준히 지키는 것이 매우 어렵고 드물다.

아는 사람을 대상으로 하는 보험 판매는 한계가 있다. 이때 궁여지책으로 나오는 행동이 '돌방(돌연방문)'이다. 병원도 가보고 상가도 돌아다니고 축구 동호회도 간다. 그리고 공을 패스하면서 하는 말이 있다. "공 넘어가요! 그런데 보험은 든 거 있어요?" 반면 개척이 아닌 소개 전화를 받는 사람이 있다. 친구와 저녁을 먹다가도 소개받고 여행 가서 쉬고 있는데 전화가 오기도 한다. 전화를 한 사람은 이미 보험에 가입한 고객이다. 누구는 밖에서 맨땅에 헤딩하듯이 고생하고 있지만 이들은 철저히 이미 보험을 가입한, 냉정하게 보면 매력이 없는 사람들과 꾸준한 연락을 주고받는다.

결과가 어떨지 충분히 예측되지 않는가. 1년에 수억 원을 버는 사람들의 한결같은 성공 비결은 기존에 가입한 손님과의 커뮤니케이션이라고 한다. 여기에는 규모화와 범위화가 모두 적용된다. 가입하는 사람이 증가할수록 이들은 기존의 고객관리에 더 열을 올린다. 서로에 대해 많은 것을 주고받고 더욱 철저히 다가선다. 들으면 단순하지만 이게 그들의 성공 비결이다.

다시 쇼핑몰로 돌아오자. 개척이란 무엇인가. 바로 광고비 증액이다. 내 쇼핑몰에 대해 아무것도 모르는 이들이 와서 구매하기까지는 나름의 시간이 필요하다. 충동적으로 구매하는 소비자는 뜨내기일 확률이 높다. 하지만 신중한 소비자들은 고민에 고민을 거듭하여 산다. 이런 소비자가 진정한 단골 고객이 될 수 있다. 잘 생각해보자. 우리는 생각보다 자주 사던 곳에서 계속 사는 경향이 있다.

이제 기존의 구매고객을 집중적으로 공략하는 것이 이해될 것이다. 그 수가 늘어날수록 관리 부담이 커지지만 새로운 고객 한 명을 개척하기 위해 들이는 비용과 시간보다 기존의 구매자를 대상으로 입소문을 유도하거나 재구매를 유도하는 것이 더 효율적이다. 그러니 손이 많이 가고 비용이 만만치 않아도 꾸준히 생일을 챙기는 전략을 고수하는 것이 좋다. 꼭 쓸모 있는 사은품을 챙기자. 쇼핑몰 주소를 크게 인쇄한 스티커도 필수다. 직접 전화하여 사은품을 무엇인지 알려주고 선택하게끔 유도한다. 패션 잡지를 원한다면 잡지의 앞뒤에 스티커를 부착해서 보내주고, 가정주부가 선호하는 사은품인 세제를 원한다면 로고를 부착해서 보내도록 하자. 타월이라면 쇼핑몰 로고를 새긴 것으로 준비하자. 그렇게 보낸 사은품은 그 수명이 다할 때까지 당신의 쇼핑몰을 홍보해준다. 그리고 쇼핑몰은 이 부분에서 계속 성장하느냐 침체기를 이어가느냐가 결정된다.

03 진상고객을 역이용하라

쇼핑몰을 운영하다 보면 온갖 스트레스로 인해 몇 번은 울기 마련이다. 특히 진상고객을 만나면 쇼핑몰 운영은 더욱 힘들어진다. 약 보름 동안 쇼핑몰 운영에서 손을 떼고 있던 쇼핑몰 운영자도 보았다. 그만큼 자신의 손해로 이어지는 것은 물론이고 그 쇼핑몰의 소비자가 느낄 실망도 쇼핑몰 운영자의 몫이 된다. 초보 쇼핑몰 운영자가 예상하지 못하는 고생 중 하나가 진상고객이다. 자칫 상당한 멘탈붕괴로 이어질 수 있다. 쇼핑몰이 자리 잡기 전까지 겪는 성장통 중 하나로 생각하는 것이 좋다.

■ 택배비는 물론이고 전화비도 돌려주세요

어느 날 고객으로부터 배송을 못 받았다는 연락을 받았다. 며칠이 지나도 배송되지 않았으니 쇼핑몰에서 무조건 환불하라며 화를 냈다. 분명히 보낸 기록이 있는 운영자는 억울한 마음에 택배 회사에 연락해 항의했고 택배 회사는 해당 지역의 택배 담당자에게 불호령을 내렸다. "책임은 너만 지는 거야!"

이처럼 택배 물품이 없어지는 경우가 있다. 이때는 금액을 배상해야 하기 때문에 택배 기사는 하루 벌이가 모조리 날아가는 수도 있다. 그렇기 때문에 무척 예민한 일이다. 분명히 배송했고 받은 사람 얼굴까지 기억하지만 죽어도 못 받았다고 한다. 무슨 일인지 상상이 되는 택배 기사는 그 집 근처의 쓰레기통을 모두 뒤졌고 택배 봉투를 찾을 수 있었다고 한다. 게다가 입어본 후 집어넣은 듯한 구겨진 옷이 있었다. 폭발한 택배 기사는 그 집을 찾아가서 누구를 바보로 아느냐고 화를 냈다. 그런데 바보가 되고 말았다. 죽어도 자신은 물품을 받은 적이 없다고 우겼다. 어떻게 할 수도 없고 씩씩거리는 기사가 택배 지점에 말했고 지점으로부터 이야기를 들은 본사는 쇼핑몰 운영자에게 이 황당한 사연을 전한다. 이 사연을 들은 쇼핑몰 운영자는 모종의 공포를 느꼈다고 한다.

잘 보내놓은 상품을 뒤로하고 정말 죄송하니 당장 환불해드리겠다고 했다. 그런데 수화기 너머로 황당한 소리를 들었다. "택배비는 당연하고 전화비도 택배비만큼 돌려주세요. 내가 환불하려고 쓴 통화비가 얼만지 아세요?"

■ 사용해보니 가짜인 것 같아요. 환불해주세요

직접 겪은 일이다. 어느 날 이유 모를 택배가 왔다. 쇼핑몰을 운영하며 숱한 배송과 반품, 교환을 반복하다 보면 접신이라도 된 것처럼 느낌이 올 때가 있다. 그 택배가 그랬다. 착불 4500원으로 거래하는 택배도 아니었다. 이게 뭔가 싶어 택배를 뜯어보니 청국장 냄새가 코를 진동했다. 신발이었다. 그것도 신을 만큼 신고 딱 버릴 타이밍의 신발이었다. 당연히 전화를 해서 보낸 이유를 물었다.

"안녕하세요, ○○○몰입니다. 꽤 오래 신은 신발을 반품하셨는데 어떻게 해드릴 수 있을까 해서 전화 드렸습니다."

"아, 그거요? 가짜인 것 같아서요."

"네? 가짜요? 그런데 너무 한참 뒤에 반품을 하셔서 저희도 당황스럽습니다."

"그래요? 그런데 신고 다니다 보니까 갑자기 가짜란 생각이 들더라고요."

결론부터 말하면 그냥 환불해주었다. 10대 소녀였다. 차라리 신발값 주고 마무리하는 것이 이득이라는 생각이 들었다. 아무리 정품이라고 말해도 소용없을 게 눈에 보였고 용돈이 없어서 반품한 것이 확실해보였기 때문이다.

■ 불만글에는 진중하고 친절한 대응을 하라

인터넷 게시판은 말 그대로 전쟁터다. 게시판에는 여러 글이 올라오지만 가장 가공할 위력을 갖는 것이 바로 항의를 강하게 하며 반품을 암시하는 글이다. 이런 걸 상품이라고 팔 생각을 했느냐, 전화는 왜 그렇게 받지를 않느냐, 인간의 탈을 쓰고 어떻게 이러느냐, 이제 배 좀 부르니 이런 식으로 고객 알기를 우습게 아느냐 등은 그나마 점잖은 항의다. 백일장 대회를 열면 우열을 가리기 어려울 정도로 사람의 감정을 휘두르는 글이 많은데 이는 어떻게 보면 악어의 눈물 같은 존재다. 판매되는 양이 많으면 그만큼 상품을 구매하는 소비자 만족도가 백인백색이기 때문이다. 절대 소비자 모두가 만족할 수는 없다. 그중 꼭 필요 이상으로 민감해하며 온갖 욕설과 막말을 올리는 내용도 있다. 아무리 각오하고 읽어도 심장은 두근거리고 화가 날 것이다. 그러나 정말 허탈한 건 항의글을 보고 전화를 하면 중고생이 많다는 것이다. 자초지종을 설명하면 자신이 오해했다며 미안하다는 사과글을 올리겠다고 쿨하게 푼다. 한번은 초등학생이었던 적이 있어 엄마를 바꿔달라고 했다가 한 소리 들은 적도 있다. 똑 부러지는 논리로 항의를 하는데 초등학생한테 그런 식으로 장사하면 세상을 바르게 사는 것이 아니라는 상도덕 교육을 받기까지 했다.

이러한 일은 쇼핑몰을 운영하면 반드시 겪을 일이다. 지금까지 남의 이야기였다면 이제부터는 나의 이야기가 될 것이다. 어차피 욕을 먹으면서 쇼핑몰을 운영해야 한다면 욕을 잘 먹어서 잘 파는 법도 알아야 하지 않을까?

여기서 쇼핑몰 UX를 또 하나 만들어보자. 소비자는 칭찬하는 글을 잘 믿지 않는다. 옥의 티를 더 믿는다. 95개의 칭찬 댓글이 있어도 5개의 불만 댓글이 더 신뢰감이 가는 이유는 그 불만이 내 상황이 될 수도 있다는 불안감 때문이다. 성질이 급하거나 지름신이 강림하여 구매 직전에 이른 소비자가 주로 전화로 상담 요청을 많이 해온다. 불만이 적힌 몇 개의 글을 보고 정말 그것이 사실이냐를 묻는 것이다. 그래도 전화를 하는 사람은 구매할 의사가 있다. 하지만 전화 자체를 하지 않고 구매하는 사람이 확실히 전화한 후 구매하는 사람보다 많다. 불만글에 대한 대처는 철저히 소비자의 입장에서 해야 한다.

첫째, 상황이 어떻든 정중한 사과로 시작하자. 절대 자초지종부터 설명하며 시작하면 안 된다. 실은 그것이 아니고 이랬다는 말을 올리면 글을 올린 사람에게는 설명이 될 수 있지만 다른 사람의 눈에는 그저 변명으로 보일 뿐이다. 상황이 어떻든 무조건 정중하게 대해야 한다.

둘째, '전화 드리겠다' 또는 '전화 드렸습니다'는 답변은 절대 달지 말자. 다른 소비자는 둘 사이에서 어떤 이야기가 오고 갔는지 알 길이 없다. 모종의 이야기가 오고 간 것인지 아니면 쇼핑몰 운영자가 공격적인 것인지를 알 수가 없으니 눈치를 보며 사야 하는 것인가에 대해 고민한다. 정말 전화로 설명해야만 하는 상황이라면 충분한 답변을 달고 전화를 해야 한다. 이는 해당 소비자에게 보이는 것이 아닌 앞으로 방문할 다른 이나 다른 단골고객에게 보이는 것이기 때문이다.

셋째, 고객이 원하는 조치를 반드시 명시하고 제공하자. 손해보기 싫은 것은 소비자뿐만이 아니라 쇼핑몰 운영자도 마찬가지다. 하지만 다른 단골고객이나 쇼핑몰 방문자는 소비자 편이지 쇼핑몰 운영자의 편이 아니다. 쇼핑몰 운영자가 손해를 보는 모습을 보이는 것이 효과가 가장 크다. 이 부분에서 돈이 아깝다고 생각을 할 수도 있는데 절대 그렇지 않다. 일을 더 키우지 않고 좋게 마무리하는 것은 다수의 소비자로부터 믿음을 얻을 수 있는 무척 중요한 요소이다. 또한 이 믿음은 입소문으로 이어진다.

넷째, 불량품은 꼭 있다. 양심선언 이벤트를 진행하자. 판매가 꾸준히 이어지면 여러 가지 사유로 쓰던 물품이 반품된다. 특히 세탁을 두세 번 했을 뿐인데 바느질이 터지거나 갈 때는 멀쩡했지만 배송을 받아보니 어딘가 파손되어 있는 경우가 있다. 이럴 때는 운영자나 소비자 모두 억울한 상황인데 그냥 불량품이라고 마음 편하게 생각하라. 대기업도 불량품은 어쩔 수 없다. 이럴 때는 어떻게 해야 할까? 바로 양심선언 이벤트를 하자. 단 이것은 누구나 쉽게 확인할 수 있도록 메인 페이지에 노출해야 한다.

아동복을 판매하는 쇼핑몰에서 있던 일이다. 수입 브랜드 반바지를 판매하고 한두 번 세탁한 후 빨래를 널려고 팡팡 펴고 있는데 허리 고무밴드가 끊어지고 말았다. 수만 원의 돈을 주고 산 아이 엄마는 이게 정말 브랜드가 맞는지 화가 나서 쇼핑몰에 항의했다. 처음에는 쇼핑몰 운영자도 고객을 의심했다. 가장 까다로운 고객이 아이를 둔 가정주부였기 때문이다. 반품과 교환에 지친 쇼핑몰 운영자는 한 번 지면 계속 질 것 같아 지금까지 한 번도 그런 항의가 없었다고 맞섰다. 그러자 아이의 엄마는 직접 쇼핑몰까지 찾아가 따졌다. 경기도 광주에서 서울역 근처까지 찾아왔으니 쇼핑몰 운영자는 놀랄 수밖에 없었다. "내가 옷 하나로 소란을 피우려 그러는 줄 아세요? 당신 같으면 이 옷 때문에 직접 찾아올 생각까지 하겠어요? 내가 너무 억울해서 왔어요." 당황한 운영자는 계속 사과를 하며 교환은 물론이고 반바지와 폴로 티를 덤으로 주며 돌려보냈다고 한다.

쇼핑몰 운영자는 이러한 사실을 쇼핑몰에 올렸다.

최근 상품의 상태가 불량해 항의를 받았습니다. 상품 상태를 떠나 고객님의 마음을 상하게 해서 죄송합니다. 직접 오실 줄 몰랐는데 반성 많이 했습니다. 정말 너무 죄송해서 반바지와 폴로티를 드렸지만 솔직히 아직도 마음이 풀리지 않으신 것 같습니다. 저도 무리한 요구를 하는 손님을 많이 대하다 보니 초심을 잃었던 것 같습니다. 다시 초심의 마음으로 돌아가고자 하니 따끔한 충고를 부탁드립니다. 고객님께는 다시 한 번 사과를 드립니다. 별도로 소정의 적립금을 푸짐히 넣어드렸습니다.

그리고 글과 함께 문제의 반바지를 촬영하여 올렸다. 메인 페이지 상품란에 올렸는데 어떤 일이 벌어졌을까? 결론부터 말하자면 월 매출이 줄기는커녕 오히려 늘었다고 한다. 격려를 보내는 댓글은 말할 것도 없고 찾아왔던 고객도 연신 고맙다, 자신도 감정이 격했다고 댓글을 남겼다. 누구는 이런 쇼핑몰 또 없을 거라며 인터넷 카페에 적극적으로 추천하겠다고 하고 어떤 이는 유치원 엄마들과 공동구매를 하겠다고 제안한 글도 있었다고 한다. 이게 바로 10%의 쇼핑몰 UX가 된다. 아쉽게도 이때는 SNS가 없던 시절이다. 지금이었다면 홍보 효과가 굉장했을 것이다.

누구에게는 막돼먹은 불만글과 반품은 골칫덩어리지만 누구에게는 홍보의 수단이 되어 고객의 신뢰를 두텁게 한다. 즉 고객들이 올리는 불만을 통해 이를 적극적으로 대처하고 불만글 자체를 새로운 홍보의 수단으로 활용하는 것이다. 그것도 고객의 신뢰를 얻는 방법으로 말이다.

이상하게 소비자는 아무리 만족한다는 글이 많아도 소수의 불만글을 더 믿는 경향이 있다. 그냥 불편한 진실로 내버려두면 내 매출을 깎아 먹는 존재밖에 되지 않는다. 그러니 적극적으로 대처하여 고객의 신뢰를 얻어라. 고객과의 소통이 중요하다는 것은 모든 성공한 쇼핑몰 운영자들이 하는 이야기이다. 그 소통을 통해 끊임없이 개선하고 소비자의 생각을 녹여내라. 돈은 보이지 않는 곳에서 잠자고 있다.

쇼핑몰 고객은 크게 4가지로 나눌 수 있다.

첫째, 뜨내기고객이다. 뜨내기고객의 특징은 어디서 무엇을 구매했는지 기억도 못한다는 것이다. 배송받고 며칠이 지나면 쇼핑몰 존재를 새카맣게 잊는다. 이 중에는 이벤트 전문가도 많다. 그들은 필요한 것만 쏙 빼간다.

둘째, 일반고객이다. 쇼핑몰의 대다수를 구성하는 소비자층이다. 적어도 이들의 기억에는 일정 기간 동안 당신의 쇼핑몰 이름이 남아 있다. 뜨내기고객보다는 양질의 잠재고객이다. 쇼핑몰을 일정 기간이나 일정한 패턴으로 방문하여 구매 여부를 결정한다. 이들 중에서 단골고객이 생긴다.

셋째, 단골고객이다. 쇼핑몰의 매출이 꾸준할 수 있도록 도와주는 층이다. 알아서 소문을 내주고 친구도 데리고 오며 충고도 해준다. 게다가 쇼핑몰 운영자가 감동할 만한 후기도 올린다. 그렇기 때문에 일반고객에서 단골고객으로 유도하는 것이 중요하다. 이러한 충성고객의 규모에 따라 쇼핑몰의 매출규모도 정해지기 때문이다.

넷째, 안드로메다고객이다. 상상도 할 수 없는 기발한 방법으로 쇼핑몰을 골탕 먹인다. '우주의 원리가 이런 거구나'라는 생각이 들 정도다. 마땅한 대책은 없다. 경험하기 싫어도 해야 하고 잊으려고 하면 동에서 번쩍, 서에서 번쩍 나타난다.

그런데 이러한 네 가지 유형의 고객이 공통적으로 관심을 보이는 것이 있다. 바로 구매 후 언제 받아볼 수 있느냐는 것이다. 즉 배송이다. 그렇다면 배송에 대한 고객의 니즈는 과연 무엇인지 알아보도록 하자.

신속한 택배 배송이 중요하다

전반적으로 우리나라 소비자들은 성격이 급한 편이다. 배송이 불가능한 저녁 늦게 구매하고 다음 날 오지 않았다고 항의하는 경우도 많다. 이뿐만 아니라 배송은 왜 이렇게 느린 것인지, 집에 사람이 있었는데 왜 담벼락 안으로 툭 던지고 갔는지, 택배 기사의 성격이 거칠어서 불쾌했다는 등 쇼핑몰 운영자의 손으로는 어떻게 할 수 없는 항의도 많다. 그러므로 택배 회사를 잘 선택해야 한다.

배송 과정에서 벌어지는 모든 일은 택배 회사의 재량이다. 어떤 택배 회사는 총알 배송이지만 어떤 택배 회사는 걷기라도 하는 것처럼 며칠이 걸리는 곳도 있다. 익일 배송이 원칙인 택배 배송의 배송 시간이 각양각색인 이유는 무엇일까? 여기에는 택배 기사의 애환이 있다. 택배는 속도전이다. 자신이 할당받은 지역에 택배 배송을 많이 할수록 수당이 많이 떨어진다. 하나 배송하면 개당 몇백 원 떨어지는 구조이다. 그러니 배송을 빨리 해야 그만큼 수당도 받을 수 있는 것이다.

새벽부터 나가 배송 상품을 할당받고, 이동하면서 끼니를 먹는 것은 늘 있는 일이다. 매일 막히는 길에 골목을 누벼야 하고 주차도 요령이며 주소가 숨바꼭질하듯이 꼭꼭 숨어 있으면 애가 탄다. 하나 보내려다가 다른 것을 보내지 못한다. 그래서 건너뛰는 일이 잦다. 사람이 없으면 헛걸음이기 때문에 아파트 문밖에 놓고 가거나 말도 없이 경비실에 맡기는 경우도 많다. 경비실이나 상황실에 택배를 맡기면 시간이 단축되어 애용(?)하기도 한다. 배송받을 사람의 전화도 연결되지 않는 경우가 허다하다. 이미 배송 지역을 벗어났지만 썩기 쉬운 생선이라거나 자고 있었다고 연락이 오면 가던 길을 되돌아가야 하는 일도 있다. 주소가 조금 다르거나 이사를 갔는데 배송지 변경을 잊는다거나 아예 주소를 잘못 쓰는 일도 많다. 모두 헛걸음이다. 그나마 자신의 구역 내에서 변경된 주소라면 좋지만 다른 영업소 관할이면 답답한 일이다.

게다가 수당제이다 보니 보이지 않는 알력도 존재한다. 주거지가 밀집한 아파트 단지는 배송하기가 편해 노른자에 속한다. 반대로 계단과 고개가 많은 주택 단지는 지옥의 코스다. 그렇기 때문에 기사와 지역 영업소장 간에는 배송 지역에 대한 분쟁이 있기도 하다.

택배 기사를 충원하는 것에도 한계가 있다. 택배 기사가 많이 충원되면 배송이 빨라지는 게 당연하지만 문제는 그만큼 택배 기사에게 돌아가는 수당이 적어지게 되고 이는 영업소 이직의 주원인이 된다. 지치지 않는 것이 대단하다. 이런 사정을 아는 사람은 극히 드물다. 그저 배달하는 사람으로 보일 뿐이다. 그래도 도시는 양반이다. 고역은 강원도나 도서 지역이다. 수십 킬로미터를 왕복하거나 산을 타야 하는 일이 벌어진다. 당연히 하나만으로는 기름값도 나오지 않기 때문에 그 지역에 배송해야 하는 물품이 몇 개 쌓일 때까지 택배 저축을 하는 일도 벌어진다. 그래야만 수당이 남기 때문이다. 하지만 이런 사실을 쇼핑몰 운영자나 소비자는 알지 못한다.

배송 물량이 물밀듯이 밀려오는 시기도 있다. 그중에서 설이나 추석 등이 최고다. 이때는 누가 봐도 대목 중에 대목이라 퀵서비스를 구하는 것도 모자라 택시 기사도 배송에 동참할 정도다. 당연히 택배 회사도 대목이다. 어쩔 수 없이 대목 며칠 전부터 택배 접수 자체를 중단하는 일이 벌어지기도 한다. 배송 기간이 몇 배로 늘어나는 건 기본이다. 배송은 물론이고 교환이나 반품은 꿈도 꾸지 못한다. 하지만 소비자는 급하다. 왜 택배 배송이 안 되냐고, 교환이 급한데 되지 않으면 반품하겠다고 한다. 쇼핑몰 운영자는 억울할 뿐이다.

결국 결론은 하나다. 택배 회사를 잘 골라야 한다. 택배비가 저렴한 것을 최우선으로 하고 덜컥 택배 계약을 하는 경우가 많은데 이는 하나만 알고 다섯은 모르고 하는 일이다. 택배 기사가 한정된 작은 택배 회사일수록 배송은 물론이요, 교환이나 반품 속도가 더딜 수밖에 없다.

개인적으로 추천하는 것은 우체국 택배이다. 그 이유는 간단하다. 우체국은 곳곳에 있고 웬만한 택배 회사의 거점을 훨씬 넘어선다. 배송량이 많은 곳은 도로 곳곳에 간이창고를 두고 관리한다. 배송 속도가 빠를 수밖에 없다. 배송 루트도 다양하며 택배 기사가 갈 수 없는 상황이 발생하면 집배원이 배송을 대신한다. 오른손이 없으면 왼손이 하는 방식이다. 택배 접수만 따로 하는 기사도 있기 때문에 아침에 교환 물품을 받고 오후에 즉시 내보낼 수 있는 시스템도 가능하다. 또한 거제도, 제주도, 울릉도 등 할 것 없이 우체국이 없는 곳이 없다. 우체국이 없으면 우편취급소가 있고 그곳에서 택배를 배송한다. 일반우편과 등기가 가는 모든 곳은 택배도 따라 가는 것이다. 게다가 집배원은 지역의 주소를 꿰고 있다. 우체국 택배는 도서 지역을 제외하고 익일 배송에 가장 충실한 곳이라고 생각한다.

하나 더 있다. 초반에 물량이 적을 때는 배송을 접수하는 시간이 이를 때가 많다. 쇼핑몰 운영자는 택배 접수를 오후 늦게 할수록 좋지만 물량에 따라 순차적으로 접수를 하는 택배 원리상 곤란할 때가 많다. 이렇게 되면 오후 4~5시에 구매된 상품은 이틀 뒤에 배송되는 일이 벌어진다. 하지만 소비자가 이를 알 리가 없다. 바로 이때 우체국의 장점이 있다. 이런 일이 벌어지면 택배를 관할하는 우체국에 직접 접수할 수 있다는 것이다. 번거롭지만 택배의 익일 배송은 소비자가 너무나 당연하게 생각하는 터라 어쩔 수 없이 해야 한다. 배송 약속이 잘 지켜져야 매출이 느는 건 당연한 사실이다.

간혹 배송 물품이 어디선가 증발하는 경우도 있다. 그 많은 택배 물량 중에 누락되는 배송 물품은 항상 있다. 정말 어이없는 일이지만 택배 차량 자체를 도둑맞는 일도 있다고 한다. 그렇게 되면 이에 대한 보상을 받아야 하는데 즉시 소비자에게 손망실이란 내용을 통보해주고 재배송을 안내해야 한다. 이런 경우 신속한 보상이 이루어져야 하며 이를 조직적으로 확인하여 통보하는 곳이 우체국이다. 어디서 없어졌으며 누구의 잘못인지 파악하여 쇼핑몰 운영자에게 알려준다. 때로는 먼저 손망실을 알려주고 안내 전화를 하는 경우도 있다.

콜센터도 마찬가지다. 규모가 큰 곳이 접수 전화도 빠르다. 쇼핑몰 운영자는 담당자가 있어 직접 통화하며 융통성 있게 대응할 수 있지만 교환이나 반품 접수를 하는 소비자는 이런 루트가 없다. 결국 콜센터로 해야 하는데 규모가 작으면 작을수록 대기 시간이 길어지는 일이 다반사고 대목에는 아예 불통이거나 전화 자체를 안 받는 곳도 있다. 이렇게 되면 화풀이를 그대로 받는 것이 쇼핑몰 운영자다. 다른 택배로 보낸다고 하면 계약 택배비 그 이상의 차액을 어쩔 수 없이 쇼핑몰 운영자가 부담해야 한다.

물론 우체국 택배의 단점도 있다. 계약 택배라고 하더라도 수량에 따라 가격을 책정하기 때문에 다른 곳에 비해 가격이 저렴하지 않다. 택배 박스의 규격도 깐깐하게 본다. 조금만 크다 싶으면 곧바로 줄자를 대령해 정확한 치수를 확인한다. 당연히 추가요금을 더 내야 한다. 다른 택배 회사에서 지원해주는 것에 비해 약한 부분도 많다.

하지만 단점보다 장점이 많다. 우체국과 택배 계약을 하면 최소 3명이 당신에게 배정된다. 집배원과 접수를 전담하는 택배 직원, 그리고 도착을 전담하는 택배 직원이다. 위탁사가 대부분인데 접수 직원은 택배 트럭 번호판이 하얀색이고 위탁 직원은 노란색이다.

비용이 부담될 수 있지만 소비자의 택배 비용을 일정 금액 지원해주더라도 우체국 택배를 선택하자. 당신이 판매하려는 상품의 범위는 전국이다. 그 장소가 어디가 됐든 다음 날 도착하게끔 하는 것이 가장 중요하다. 만약 여전히 부담된다면 이런 방법도 있다. 초반에는 일반 택배 회사와 계약을 한 후 어느 정도 물량이 유지되면 우체국 택배로 갈아타는 방법이다. 하지만 교환이나 반품 등 더욱 세밀한 고객관리가 필요하다.

매출은 당신의 차별화된 10% UX 능력에서 시작되지만 이를 완성해주는 것은 배송이다. 택배 기사와 절친한 관계를 꼭 유지하자. 택배 기사도 사람이다. 서로 정이 있어야 한다. 초반 쇼핑몰이 성장하는 과정에서는 배송에 대한 잦은 부탁을 많이 하게 된다. 접수 시간을 조정한다든지 구석에 떨어져 미처 확인하지 못한 택배 때문에 가던 사람 다시 오게 하는 일도 은근히 많다. 이런 상황에서 무미건조한 톤으로 말할 수 있겠는가.

이 글을 읽는 당신이 남자라면 담배를 같이 피우거나 점심 대접, 판매상품을 써보라며 주는 것도 좋은 방법이다. 만약 여자라면 친근하고 상냥하게 대하며 더운 날 음료수를 챙겨준다든지 간식을 챙겨주는 것도 좋다. 택배 기사와 대인관계가 원만해지면 부수적으로 듣는 정보가 많다. 이는 규모가 크면 클수록 좋다. 근처 쇼핑몰들의 배송량 추이나 신생 업체의 정보 등을 들려준다. 어떤 아이템으로 성공을 거두고 있는지는 매우 쏠쏠한 정보가 된다. 그리고 택배 회사에서 지원하는 캠페인이 간간히 있다. 물량이 크면 아예 사무실을 지원해주는 곳도 있다. 프린터나 테이프 등도 지원받을 수 있다. 사람은 인지상정이다. 정이 있는 곳부터 이런 소식을 알려준다.

배송은 쇼핑몰의 동맥과 같다. 어디서 막힐지 모른다. 그때마다 수완을 발휘하여 배송에 탈이 없도록 해야 한다. 꾸준히 관리하고 정성을 쏟아야 한다. 상품 배송, 교환이나 반품 등의 택배 배송은 아무리 잘해야 본전이다. 소비자는 너무 당연하게 생각하기 때문이다. 그래서 하나라도 놓치면 본전이 아니다. 고객이 택배로 인해 좋지 않은 사용자 경험을 하는 순간 그대로 당신의 10% UX에 문제가 생긴다.

■ 성실한 교환과 배송 접수로 소비자에게 쇼핑몰 UX를 선물하자

쇼핑몰 운영이 순조로워지기 시작하면 시간이 빠듯해진다. 상품을 구성하고 사입하고 촬영하고 올리고 상담하고 배송하고 은행 다녀오는 등 밥 먹을 틈도 없을 때가 많다. 특히 배송 작업은 시간을 많이 잡아먹는다. 주소나 사람 이름을 잘못 기재하면 배송비가 날아가고 배송이 지연되니 꼼꼼하게 체크해야 한다. 중복 배송이 되지는 않는지 면밀히 봐야 한다.

사실 판매하는 상품이 무엇이든 소비자가 교환이나 반품 없이 사용하면 좋다. 그러나 그런 일은 드물다. 팔아도 시간이 모자를 시간에 여러 사유로 교환과 반품이 접수되어 그것을 처리해야 한다. 이건 순전히 고객 서비스라는 생각이 들고 자연스럽게 교환과 반품은 달갑지 않은 존재가 된다.

생각보다 많은 쇼핑몰이 교환이나 반품을 하려고 하면 전화 연결이 잘되지 않는다. 소비자는 자주 겪는 일이니 한두 번은 참아도 계속 연락되지 않으면 게시판에 글을 쓰기 시작한다. 이렇게 되면 전화 한 통으로 끝날 일이 게시판 글에 답변을 달고 사과도 해야 하는 일이 되어 번거로워진다.

앞에서 5학년 초등학생에게 훈계를 들은 것도 이런 상황이었다. 나름 열심히 전화를 받으며 접수를 했지만 쉬는 시간이 빠듯한 이 학생이 전화할 때마다 통화 중이었다. 점심시간에는 필자도 점심을 먹겠다고 자리를 비워 계속 엇갈렸던 것이다. 이 초등학생은 쇼핑몰 운영자가 자신보다 나이 많은 어른임에도 뭐라고 할 정도였으니 성인은 어떻겠는가. 일은 항상 몰려오는 것 같다. 전화 통화가 어렵다는 불만이 초등학생 항의 이후로 눈에 띄게 늘었다. 당시에는 배송 작업이 끝나면 무조건 칼퇴근이었다. 근무 시간 중 전화를 받을 수 있는 상황에만 받았다. 나름대로 친절하게 전화를 받았다고 생각했지만 퇴근 이후에도 전화한 사람이 많았던 것이다.

그러다가 게시판의 어느 글을 보고 마음을 다잡았다. '전화 좀 받아 처묵으라~' 얼굴이 화끈거렸다. 욕먹은 것도 억울했지만 다른 소비자가 이 글을 보았을 때는 더 치명적이다. 애가 닳아 당장 전화를 하여 사과를 하고 교환 접수를 받았다. 그리고 바로 다음 날 착신 전화 서비스를 신청하고 교환 및 반품 대장용 메모장을 구입했다. 예상했던 것보다 전화가 많이 왔다. 한밤중에 전화하는 것도 다반사였지만 새벽에 전화를 받은 적도 은근히 많았다. 몇 번이나 착신 전화를 관둘까 생각했지만 꾹 참고 계속 착신 전화를 받았다. 한번은 새벽 5시에 전화가 왔다. 그 시간에 반품 전화를 하다니 황당해서 오히려 되물었다.

"정말 부지런하시네요. 이른 시간에 전화를 주시고요."

"아, 그런가요? 새벽 시장에 나가신 줄 알았어요."

나는 자고 있었지만 소비자는 그 시간에 당연히 깨어 있는 걸로 생각했던 것이다. 그렇게 인내력과의 싸움을 벌이며 한 달이 지나니 교환을 잘해줘서 고맙다는 후기가 올라오기 시작했다. 마음이 뿌듯했다. 비록 한 줄에 끝나는 간단한 말이었지만 최소한 그 글을 읽는 다른 잠재고객의 구매에 적잖은 영향을 미쳤을 것이다. 이렇게 관리하기 시작한 메모장은 날이 갈수록 새 것으로 바꾸는 기간이 짧아졌다. 분명히 느낀 건 통화를 잘하니 이유 없이 배송되는 의문의 반품 택배가 많이 줄었다는 것이다. 은근히 부담되었던 다른 택배 회사의 반품 택배도 많이 줄었다. 언젠가 어느 고객과의 통화에서 우리가 판매하는 상품이 다른 곳보다 다소 비쌌지만 교환과 반품 서비스가 좋아 믿고 구매했다는 말을 듣기도 했다.

많이 팔면 팔수록 전화는 더 많이 온다. 물론 당장 내게 도움되는 전화는 아니다. 교환할 수 있는 재고가 없으면 반품을 해야 하고 교환을 위해 일부러 구입해야 하는 상품도 있다. 돈이 들어가는 게 맞고 시간도 희생해야 한다. 하지만 판매 후 교환과 반품 전화는 정말 필수이다.

상품의 재고가 없어서 교환할 수 있는 시기가 며칠 더 소요되면 이에 대한 확인 전화도 꼭 했다. 그리고 사은품을 꼭 챙겨주며 기다려줘서 고맙다는 성의를 표시하거나 다른 상품으로 바꿔주니 소비자의 반응도 훨씬 부드러워졌다. 쇼핑몰 운영자를 이해해주는 것이다. 자연스럽게 교환상품이 없어서 환불하는 일도 줄어들었다. 이전에는 시간이 없어서, 생각을 못해서, 쉬고 싶어서, 그럴 틈이 없어서 못했던 일이 어느새 일과가 되었다. 매출이 증가하는 효과도 보았는데 생각보다 구매 직전에 전화하여 정확한 재고 여부를 확인하는 소비자도 많았다. 만약 이런 전화를 받지 않았다면 매출이 그만큼 줄었을 것이다.

■ 전화 상담은 고객의 니즈를 파악하기에 적합!

착신 전환을 한 후 하나 더 얻은 게 있다. 바로 구매 상담 전화이다. 주말에도 쉴 틈 없이 전화가 왔으며 사이즈 문의나 입고 문의가 많았다. 상담을 하는 만큼 매출로 이어졌고 예약 주문도 늘어났다. 사전 예약 주문으로 상품이 입고될 때마다 보내면 되기 때문에 재고에 대한 부담이 훨씬 덜해졌고 이와 연계해서 다양한 예약 주문 이벤트를 병행하기도 했다.

전화 상담이 많을수록 고객을 대하는 감이나 상품에 대한 니즈를 파악할 수 있었다. 어떤 상품이 오랜 시간 인기를 유지할 것이며 어떤 상품을 입고하는 해야 할 것인가 등이 궁금할 때는 걸려오는 전화를 적극적으로 활용했다. 혹시 원하는 상품이 있다면 무엇이며 최근 유행하는 상품을 본 적이 있느냐고 물었다. 그러면 어김없이 답이 돌아왔고 덕분에 상품의 적중률이 높아졌다. 이전에는 신상품을 결정할 때 오로지 감이나 도매시장의 흐름에 많이 의존했다. 그런데 전화를 가리지 않고 받다 보니 내 상품을 구매하는 소비자들의 감이 느껴지기 시작했다.

사례를 통해 살펴보자. 레인부츠라는 아이템이 있었다. 지금은 레인부츠를 비 오는 날에도 신고 눈 오는 날에도 신는다. 잡지에서 자주 다루어졌고 장마철이 다가오면 뉴스에도 보도되곤 했다. 그래서 경쟁력이 있다고 판단을 해 레인부츠를 처음으로 온라인에 풀었다.

패션 아이템의 하나가 된 레인부츠
(출처: Shoe Starved)

　처음에 장화를 판다고 하니 공장이나 논두렁에서나 쓰일 장화를 누가 사
겠냐는 반응이 대부분이었다. 주변 반응이 좋지 않고 사용자 경험이 전무한
아이템이었기 때문에 겁이 난 것은 사실이었다. 하지만 재고 부담이 적어 일
단 업데이트를 하고 반응을 살펴봤다. 처음에는 정말 식당에서 전화가 왔다.
통화 내용은 식당에서 쓰려고 하는데 왜 이리 가격이 비싸냐는 것이었다. 당
황하긴 했지만 판매가 근근이 이어졌기 때문에 좀 더 버텨보기로 했다. 일단
용어를 패션장화에서 레인부츠로 바꿨다. 호기심을 자극했던 것인지 사람들
이 인식하기 시작했다. 갑자기 주문이 밀려 들어왔고, 모델 한 명으로는 역
부족이란 생각이 들 정도로 바빠졌다.
　하지만 사이즈가 애매했다. 당시 장화 사이즈는 스몰, 미디움, 라지 딱 세
가지였는데 우리나라 발치수는 230, 235, 240 등 5단위로 하기 때문에 사이

즈가 한정적이었고 그 때문에 교환하려는 전화가 많았다. 그래서 고객의 불만을 방지하고자 레인부츠의 둘레, 높이 등을 상세히 알렸고 신장별로 높이가 어떻게 되는지도 덧붙였다. 그래도 상담 전화가 많았다. 특히 두꺼운 다리나 키 큰 사람을 위한 숏장화에 대한 제안이 은근히 많았다. 그래서 상품을 주문할 때 그 제안을 반영했고 디자인이나 색상도 어떤 것이 있으면 좋겠다는 문의도 중복되는 순서로 적용했다. 굽이 낮아 좀 불편하다는 내용이 있어 굽 있는 레인부츠를, 아이를 위한 레인부츠가 있으면 좋겠다는 조언이 있어 아동용 레인부츠를 판매할 수 있었다. 소비자에게 역으로 UX를 전수받은 것이다.

정말 많은 양이 팔렸다. 물이 새거나 다리가 정말 두껍지 않는 한 반품이나 교환도 극히 적었다. 그런데 퇴근하고 전화 한 통이 왔다. MBC 보도국이었다. 기상캐스터가 우비를 입고 나올 예정인데 레인부츠를 협찬할 수 있는지 물었고 당연히 바로 다음 날 퀵으로 배송했다. 이렇게 협찬한 것을 홍보에 적극적으로 활용한 것은 물론이고 판매는 더 속도가 붙었다. 레인부츠를 파는 사람이 한 명이니 백화점 잡지, 여성 잡지, 웹진 등에서 기사로 다루겠다는 전화도 많이 받았다. 관공서에서도 대량으로 구매하고 덕수궁에서도 해마다 대량 구매했다.

이처럼 반품이나 교환을 요구하는 전화를 절대 귀찮게 생각하지 말아야한다. 쇼핑몰 덩치가 크면 분명 무시하지 못할 관리비가 되겠지만 일단 쇼핑몰에 필요한 것은 성장이고 고객의 니즈를 이끌어내는 것이다. 절대 먼저 자신의 생각을 알려주는 소비자는 없다. 쇼핑몰 운영자가 물어야 하고 이들과 대화를 계속 풀어나가는 노하우가 필요하다. 그 노하우가 레인부츠의 선례처럼 10%의 UX를 만들어내는 원동력이 될 수 있다.

이러한 노하우는 직접 경험하고 반복하며 체득하는 수밖에 없다. 방법은 전화를 잘 받으면 된다. 그리고 그들과 소통하는 자신만의 방법을 터득해야 한다. 절대로 귀찮다고 내가 해야 할 일이 아니라고 직원을 시키지 말자. 그 순간 그 쇼핑몰은 더 이상 크기 어렵다. 고객과의 소통은 운영자의 몫이다. 산전수전 다 겪고 다양한 고객을 만나봐야 쇼핑몰을 제대로 운영할 수 있다. 또 그렇게 해야만 제2의 레인부츠 신화가 당신으로부터 시작될 것이다.

05 모르면 독이 되는 지식

쇼핑몰 운영이 잘되지 않을 때 주기적으로 운영자를 괴롭히는 존재가 있다. 바로 부가가치세다. 부가가치세란 상품의 거래나 서비스 제공으로 얻어지는 부가가치, 즉 이윤에 대하여 과세하는 세금을 말하며 매출세액에서 매입세액을 차감하여 계산하면 된다. 1년간 매출액이 4800만 원 미만인 간이과세자를 제외한 사업자들은 1년에 네 번 납부한다. 그리고 또 하나 매년 5월과 11월에(11월은 중간예납으로 중간예납세액이 20만 원 미만인 경우 납부대상자에서 제외) 납부해야 하는 종합소득세도 있다.

또한 쇼핑몰 운영자는 상표법과 저작권법에 대해서 잘 알고 있어야 한다. 상표권과 저작권, 연예인 퍼블리시티권까지 알지 못하면 생각지도 못한 합의금을 지불해야 할 수도 있다. 게다가 2012년 3월에 발효된 한미 FTA는 상표권자 및 저작권자에게 더 강한 권리를 부여했다. 그 덕분에 이전에는 별일 아니었던 것들이 별일이 되어 쇼핑몰 운영자를 당황하게 만들 수도 있다.

왜 세금은 나만 내는 것일까

초반의 쇼핑몰 운영은 비용을 증명할 수 있는 방법이 거의 없다. 게다가 아직 도매시장에 비용을 증명하는 세금계산서를 요구하는 것이 쉽지는 않다. 하지만 쇼핑몰 운영자가 판매한 매출액의 10%는 조건 없이 납부해야 하며 이를 부가가치세라고 한다. 단 매출액의 10%를 납부하는 것은 1년간 매출액이 4800만 원 이상인 일반과세자만 해당한다. 1천만 원 매출이 있으면 약 100만 원, 3천만 원이면 약 300만 원이 나랏돈이라는 의미이다.

상거래에는 법칙이 있다. 매출이 발생하기 위해서는 어디선가 물건을 사와야 한다. 운영자가 물건을 떼오면 나한테는 물품 사입 비용이 되지만 도매상인에게는 그 금액이 매출이 된다. 그리고 도매상인 역시 어디선가 도매물품을 떼온다. 도매상인이 물품을 돈 주고 구입하면 물품 비용이 되지만 도매상인에게 물품을 대는 거래처는 매출이 된다. 이런 식으로 상거래는 돌고 돈다.

좀 더 구체적으로 들여다보자. 패밀리레스토랑이나 호텔에 가면 꼭 붙는 돈이 있다. 패밀리레스토랑에서는 10% 부가세가 가산되고 호텔은 여기에 더해 10%의 봉사료를 요구한다. 베니건스에 가서 2만 원어치의 식사를 하면 결제액은 2만 2천 원이 되고 호텔에 가면 2만 4천 원이다. 음식의 가격과 세금을 분리해서 계산한 것이다. 이렇게 되면 우리는 10%의 세금을 이들에게 내고 온 것이 되며 이들은 세금을 납부할 때 우리가 내놓은 세금을 납부한다. 하지만 이렇게 계산하는 방식은 특정 업체들뿐이며 대부분 부가가치세를 합산한 가격으로 판매한다. 이는 신용카드로 계산한 영수증을 보면 바로 알 수 있다. 1만 원을 결제하면 영수증에는 이렇게 구분되어 있을 것이다.

물품가액	9091
부가세	909
결제금액	10000

만약 1만 원 하는 티셔츠를 쇼핑몰에서 신용카드로 구입하면 909원은 소비자가 내놓은 세금이 된다. 그리고 나머지 9091원은 쇼핑몰 운영자의 순매출이 된다. 909원은 좋든 싫든 무조건 내야 한다. 여기서 909원의 부가세가 어떻게 계산되어 나온 것인지 간단히 설명하겠다. 부가세를 구하는 공식은 이렇다. 결제금액×0.0909, 즉 10000×0.0909를 계산하면 부가세는 909원이 나오고 1만 원에서 909원을 뺀 나머지는 물품가액이 된다.

이렇게 누구한테 맡기듯이 거쳐서 처리하는 세금을 '간접적으로 낸다'고 하여 간접세가 된다. 그러므로 부가가치세는 간접세에 해당한다. 하지만 쇼핑몰 운영자 입장에서는 사사건건 돈을 내놓으라고 하는 '간섭세'가 된다. 상황이 이렇게 되면 쇼핑몰 운영자도 불만이 생긴다. '나는 땅 파서 장사하나? 내가 들여오는 물품 비용은 어떻게 하고?' 하지만 세금은 알면 알수록 득이 된다. 좀 더 자세히 살펴보자.

A쇼핑몰 운영자가 B도매상인에게 5천 원 하는 티셔츠를 신용카드로 샀다. A쇼핑몰 운영자는 5천 원을 내지만 분명히 세금도 같이 내는 것이다. 카드 영수증을 보면 이렇게 구분된다.

물품가액	4546
부가세(매출세액)	454
결제금액	5000

이 중 도매상인의 순매출은 4546원이 되고 454원은 도매상인이 납부해야할 부가가치세가 된다. 그러므로 A쇼핑몰 운영자는 4546원으로 사업을 한후 454원의 부가가치세를 납부한 것이 된다. 사무실로 들어온 A쇼핑몰 운영자는 티셔츠를 1만 원에 팔았다.

물품가액	9091
부가세(매출세액)	909
결제금액	10000

A쇼핑몰 운영자의 세금을 제외한 순매출은 9091원이고 909원은 부가가치세다. 여기서 정말 잘 이해해야 하는 부분이 있다. 티셔츠 한 장을 사 와서그 한 장을 팔았다. 티셔츠 한 장을 구입하기 위해 A쇼핑몰 운영자는 5천 원을 내고 1만 원에 팔았다. 티셔츠 한 장이 몇 번 거래되는가? 티셔츠는 한 장이지만 도매상인과의 거래 한 번, 그리고 소비자와 거래 한 번, 총 두 번 거래했다. 이미 당신은 티셔츠 한 장에 대한 부가가치세 454원을 납부했다. 그리고 판매한 물품의 세금 909원을 납부해야 한다. 그러면 세금은 총 얼마를내는 것이 될까? 454원과 909원을 더한 1363원일까? 만약 이 금액에 동의를 했다면 소비자 입장에서의 세금으로 이해한 것이다. 정답은 909원에서

454원을 뺀 455원이다. 즉 쇼핑몰 운영자가 납부할 세금은 455원이다. 만약 A쇼핑몰 운영자가 도매상인에게 떼온 5천 원짜리 티셔츠가 판매가 되지 못했다면 세금을 낼 일이 없다. 매출이 없기 때문이다. 단 도매상인은 A쇼핑몰 운영자가 지불한 부가가치세 454원을 반드시 납부해야 한다. 그런데 티셔츠가 판매되었을 경우 소비자는 당신에게 1만 원을 '9091+909'라는 공식으로 이용하는 것이다. 그러면 909원을 A쇼핑몰 운영자는 소비자가 낸 세금이니 그 금액을 반드시 내야 한다.

그렇다면 수익은 어떨까? 아주 간단히 계산해보면 판매한 금액 1만 원에서 사입비 5천 원을 뺀 5천 원이다(10000-5000=5000). 이게 쇼핑몰 운영자가 가져가는 수익금이다. 하지만 이것은 부가가치세를 포함한 계산이다. 순이익이 아니다. 부가가치세를 빼고 계산해보자. 매출 1만 원의 부가가치세는 909원, 사입비용 5천 원의 부가가치세는 454원이니 부가가치세를 빼고 계산하면 4545원(9091-4546=4545)이 철저히 부가가치세를 제외한 실질적인 순이익이 된다. 부가가치세도 마찬가지다. 비용으로 먼저 쓴 부가가치세를 매출로 내야 할 부가가치세에서 빼면 된다. 그래서 '909(매출세액)-454(매입세액)=455'라는 계산이 나오는 것이다.

A쇼핑몰이 이렇게 사고팔고를 반복하여 한 달 매출액 8천만 원이 되었다. 그리고 비용으로 지출한 돈이 4500만 원이다. 일단 A쇼핑몰은 매출액의 약 10%인 800만 원을 부가가치세로 내야 한다. 비용으로 들어간 4500만 원 중 아르바이트비, 잡비를 제외한 세금계산서를 받은 비용이 3500만 원이라고 한다면 350만 원은 미리 부가가치세로 납부한 것이다. 그러면 부가가치세를 얼마를 내면 될지 계산이 될 것이다. 따라서 비용을 증명할 수 있는 세금계

산서를 많이 받으면 받을수록 이득이다. 어차피 쓰는 비용이니 말이다. 만약 아직도 이해가 되지 않는다면 이 글의 첫 부분으로 다시 돌아가 부가가치세에 대한 개념을 잡자.

하지만 현실이 항상 문제다. 도매시장에서 세금계산서를 발급받기란 쉽지 않다. 요즘에는 세금계산서를 끊어주는 도매상인이 늘어나고 있지만 전통적인 관습이라는 것이 있어 받기 어려운 것이 사실이다. 그리고 세금계산서를 발급받으려면 10% 더 올려 계산한다. 패밀리레스토랑과 같은 계산법이다.

그리고 본질적으로 세금계산서를 떼어줄 수 없는 사업자가 있다. 세무서에서 발급하는 사업자는 크게 세 가지로 나뉘는데 법인사업자, 일반사업자, 그리고 간이사업자다. 이 중에서 간이사업자는 세금계산서를 떼어줄 수 없다. 황당하겠지만 세법이 그렇다. 간이사업자는 영세업자에게 세금 혜택을 주는 제도라고 생각하면 된다. 연 매출이 4800만 원 미만인 사업자에게만 그 자격이 주어진다. 만약 매출이 넘어 4800만 원을 초과하면 일반사업자로 전환되고 그때부터는 세금계산서를 주고받을 수 있다. 그러므로 도매상인이 간이사업자인 경우 세금계산서는 포기해야 한다.

쇼핑몰 운영이 죄도 아니고 '왜 나만 세금을 낼까'라며 억울한 생각이 들수도 있다. 그래서 아주 유용하게 활용할 수 있는 방법을 공개한다.

첫째, 초반에는 간이사업자가 유리하다. 부가가치세, 종합소득세에 대한 부담이 거의 없다고 생각하면 된다. 연 매출 4800만 원 미만의 사업자에게는 간이과세자 사업자등록증을 발급해준다. 일단 간이사업자는 세금계산서를 발급하거나 발급받을 수 없다. 부가가치세에 대한 혜택을 받기 때문이다.

그리고 하나 더 있다. 간이사업자 등록을 한 해당 년도에는 아무리 매출이 많다고 해도, 즉 수억 원어치를 판매해도 간이과세를 적용받기 때문에 합법적인 세금 절세도 가능하다. 그러나 이를 편법으로 활용하는 사례가 갈수록 증가하고 있어 이 제도를 폐지하자는 주장도 제기되고 있다. 그렇기 때문에 발급이 까다로운 것이 단점이다. 강남구와 같이 소득 수준이 높은 지역은 발급이 매우 어려운 경우가 많으며 사무실을 일정 너비 이상 얻으면 해당되지 않을 때도 있다.

둘째, 활용할 수 있는 모든 것은 세금계산서를 발급받는다. 사무실 임대료, 휴대폰 통화료, 유선전화, 인터넷, 월 단위로 결재하는 택배비, 사무용 비품 등을 결제할 때 세금계산서를 발급받는 것이다. 사무실 임대료는 건물주에게 사업자등록증을 주면 월 임대료에 대한 세금계산서를 발급받을 수 있다. 경우에 따라서 안 되는 곳도 많으니 사무실 임대를 하면 꼭 세금계산서 발급 가능 여부를 확인해야 한다. 푼돈 아끼자고 세금계산서 끊어주지 않는 곳을 선택하여 임대하면 비용을 증명할 수 없으므로 그만큼 세금을 내야 한다. 통신비도 마찬가지다. 처음에는 복잡하니 매월마다 전화해서 세금계산서를 보내달라고 전화하자. 사업자등록증 사본을 팩스나 이메일로 보내주면 발급받을 수 있다.

그 외의 비품은 최대한 신용카드로 결제한다. 세법이 개정되어 신용카드 영수증으로도 세금계산서를 대신할 수 있다. 국세청 홈택스에서 일반 신용카드를 사업자용 신용카드로 등록하면 정말 편하다. 해당 신용카드로 쓴 금액에서 얼마를 세금으로 공제받을 수 있는지 쉽게 확인할 수 있다. 말 그대로 신용카드 영수증은 비용을 증명하는 세금계산서로 쓸 수 있다는 말이니 절대 버리면 안 된다. 사무용 비품은 범위가 매우 넓다. 작게는 A4 용지부터 노트북, 컴퓨터, 에어컨 등 여러 가지가 해당한다. 만약 차량을 활용하는 경우가 있다면 화물용 승용차를 구입하는 것도 좋은 방법이다. 화물용 승용차를 사면 차량 구매 시 부가가치세를 환급받을 수 있으며 화물용 승용차가 소비하는 디젤(경유)값, 즉 유류비도 세금 혜택을 받을 수 있다.

현금을 써야 한다면 반드시 현금영수증을 발급받자. 국세청 홈택스에서 신청하면 사업자용 현금영수증 카드를 사업자 주소로 보내준다. 만약 현금영수증 카드가 없다면 사업자 번호를 외워라. 직장인이 자신의 휴대폰 번호를 불러주듯이 사업자 번호를 불러주거나 결제 시 키패드에 입력하면 된다. 주의할 점은 반드시 결제 전에 사업자용 현금영수증을 달라고 해야 한다는 것이다. 그렇지 않으면 직장인용으로 발급하게 되어 번호 인식을 하지 못한다. 물론 모든 비용이 사업에 필요한 지출로 인정받을 수 있지 않다는 점은 염두하자.

쇼핑몰 운영자에게 반드시 필요한 가방이 있다. 월별로 영수증을 하나도 빠짐없이 모아야 한다. 하다못해 구멍가게에서 구입한 껌 하나라도 간이영수증을 받아야 한다. 이는 종합소득세 때문이다. 다시 1만 원의 공식을 살펴보자. 부가가치세를 뺀 순수한 매출은 4545원이 나왔다. 이러한 소득이 한 해 동안 계속 쌓이면 많고 적음에 따라 세금을 차등으로 나누어 종합소득세라는 것을 징수한다.

종합소득세는 부가가치세와 달리 소득이 크면 클수록 부과하는 세금도 가파르게 증가한다. 한 해 1천만 원 버는 사람과 1억 원을 버는 사람이 똑같은 세금을 내면 공평하지 못하기 때문이다. 이를 기준경비율이라고 한다. 이런 상황에서는 결국 누가 비용을 많이 사용했지만 세금은 덜 내느냐가 가장 민감한 내용이 되는데 세금 아낀다고 비싼 외제차를 리스^{lease}하는 이유가 바로 여기에 있다고 생각하면 된다. 외제차 유지비가 비용으로 인정되기 때문이다.

그러므로 쇼핑몰 운영자들이 아무렇지 않게 생각하며 버리기까지 하는 도매시장의 간이영수증은 반드시 모아놓아야 한다. 그 영수증이 부가가치세에는 소용이 없지만 종합소득세에서는 비용으로 인정받을 수 있기 때문이다. 식대나 회식비 등 쇼핑몰 운영자로부터 지출되는 모든 돈은 되도록 신용카드나 현금영수증으로 이용해 근거를 남겨둬야 세금을 합리적으로 줄일 수 있다.

여기서 꼭 권유하고 싶은 것이 있다. 세금계산서를 잘 발급받고 비용은 되도록 신용카드로 한다고 해도 세금 신고마저 절대로 직접 하지 않았으면 좋겠다. 세금만큼은 세무사나 회계사에게 맡기길 권유한다. 신고 때마다 세무사에게 준비하는 자료도 마음잡고 정리해야 하는데 이를 직접 하려면 배보다 배꼽이 더 클 때가 많다. 며칠 동안 쇼핑몰 운영을 내려놓아야 할 정도이다.

또한 절대 500만 원을 넘기는 세금 체납은 꿈도 꾸지 마라. 500만 원 이상 체납하면 공권력의 힘이 어느 정도인지 경험하게 될 것이다. 체납 사실이 신용카드 회사에 넘어가면 신용카드를 사용할 수 없게 되며 사무실 보증금, 차량 등에 대한 가압류도 들어온다. 무엇보다 가장 무서운 점은 체납 세금은 절대 분납이 되지 않는다는 것이다. 계속 체납자 신세가 된다. 세무서의 독촉 전화를 받아본 사람은 알 것이다. 잊을 만하면 독촉장을 보내 납부를 종

용하여 피를 말린다. 그러니 세금은 억울한 생각이 든다고 해도 무조건 내야
한다.

■ 나도 모르게 상표권과 저작권을 침해하고 있다

요즘 쇼핑몰 운영자를 괴롭히는 일 중 하나가 상표권이다. 이전에는 모조품,
스타일 제품으로 인해 이름을 대면 알 만한 브랜드에서 경고를 하고 손해배
상을 청구했다면, 이제는 어딘지 모르는 곳에서 상표권을 침해했다며 손해
배상을 청구하는 일이 급속도로 증가하고 있다. 이뿐만 아니라 쇼핑몰이 중
박 이상 나면 쇼핑몰 운영자 모르게 그 쇼핑몰 이름으로 상표등록을 하고 돈
을 요구하는 일도 벌어진다. 이에 응하지 않으면 최악의 경우 쇼핑몰 이름과
도메인을 쓰지 못하는 사태가 벌어진다. 그리고 상품 품목에 별생각 없이 올
린 명칭이 자신의 상표를 침해했다며 손해배상을 요구하는 사례도 있다. 게
다가 내 쇼핑몰 성공 이후 나를 지능적으로 따라 하는 경쟁자도 문제가 된
다. 내 쇼핑몰의 이름이나 도메인을 비슷하게 하고 마치 자매 쇼핑몰인 것처
럼 대놓고 따라 하는 경우도 있다. 쇼핑몰 이름은 그렇다고 해도 도메인의
끝부분인 net, com, co.kr 등 꼬리만 바꾸고 따라 하기도 한다.

이처럼 상표권 침해도 문제지만 저작권 침해도 보통 일이 아니다. 최근에
는 포토샵이나 일러스트에 대한 단속이 증가하고 있으며 폰트 단속도 극성
이다. 그리고 언론의 기사나 보도자료, 드라마 캡처 등이 상세설명에 활용되
면 저작권 침해로 문제가 된다. 돈을 주고 산 정당한 음원이라도 쇼핑몰 배
경음악으로 설치하면 저작권 침해에 해당하며 정품을 판매한다고 해도 상품
사진을 잘못 퍼다 쓰면 침해로 인정받는 경우도 있다.

쇼핑몰의 웹 디자인도 주의해야 한다. 웹 디자인의 특성상 유료폰트나 이미지 등을 많이 사용하는데 이를 돈 주고 구입하는 웹디자이너가 매우 드물다. 만약 디자이너가 그만두기라도 하면 쇼핑몰 운영자는 낙동강 오리알 신세가 된다. 모니터링 담당자가 쇼핑몰 운영자에게 연락하여 쇼핑몰에 사용된 폰트나 이미지를 정당하게 구매한 것인지 물으면 대답할 길이 없다. 디자이너와 연락도 안 되니 억지로 덮어쓰는 일도 허다하다.

이처럼 쇼핑몰 운영자는 상표권 침해와 저작권 침해에서 자유로울 수 없다. 게다가 상표법과 저작권법에 대해 잘 모르는 운영자가 많다 보니 대놓고 협박하는 일도 많이 벌어진다. 어디서 친절히 알려주는 곳도 없고 스스로 알아내 교육을 받거나 독학을 해야 한다. 독학을 해도 법률의 내용을 어디에 참고해야 하는지 몰라 답답할 때가 있다. 그래서 몇 가지 주의해야 할 점을 알아보도록 하자.

첫째, 정품을 판매하지 않는다면 브랜드명을 사용하지 말자. 샤넬st, 루비＊통 등 브랜드명을 그대로 쓰거나 일부를 가린다고 해도 침해로 인정된다. 특히 명품 브랜드는 주지저명상표라고 하여 일반 상표에 비해 침해로 인정받을 수 있는 범위가 넓다.

둘째, 검색 목적이나 참고 목적으로 브랜드 이름을 사용하지 말자. '설화수' 화장품을 판매하는 쇼핑몰에서 검색을 목적으로 판매하지 않는 '비오템' 브랜드를 사용하는 경우 상표권 침해가 된다. 비오템을 구입하려는 소비자가 출처를 혼동할 수 있기 때문이다.

셋째, 자신의 쇼핑몰 이름은 반드시 상표등록을 하자. 합의금을 목적으로 타인의 쇼핑몰 이름을 등록하는 브로커가 활개를 치자 이에 대한 구제 방안이 마련되었다. 하지만 상표출원 후 실제로 내 쇼핑몰 이름과 동일한 쇼핑몰을 운영하는 사례도 있으니 반드시 상표등록을 하는 것이 좋다.

넷째, 프로그램은 꼭 정품을 사용하자. 앞서 포토스케이프에 대한 설명을 했지만 포토샵 외에도 컴퓨터 프로그램은 꼭 정품을 사용하는 것이 좋다. 근래 들어 정품을 확인을 요구하는 사례가 늘고 있다. 무엇보다 수사기관에서 자체적으로 단속할 수 있도록 저작권법이 개정되었다. 프로그램 저작권자에게 적발되면 합의해서 정품을 구입하면 되지만 수사기관의 단속은 합의할 수 있는 대상이 아니다.

다섯째, 폰트는 꼭 무료로 배포하는 폰트를 사용하자. 다운받기 쉬운 폰트는 그만큼 적발될 확률도 크다. 일부 업체에서 하나만 책임지면 되지만 합의 조건으로 묶음구매를 강요하는 일이 발생하고 있다. 소비자는 폰트를 보고 상품을 구매하는 것이 아니다. 되도록 포털 사이트 등에서 무료로 배포하는 폰트를 사용하자.

상표권과 저작권에 대한 더 자세한 내용은 필자의 『친절한 쇼핑몰 상표권&저작권 가이드』(2012)를 참고하도록 하자.

마케팅 UX:
나만의 스토리를 구축하라

shopping mall
UX

포털 사이트 광고를 맹신하지 말자

아무리 쇼핑몰 디자인이 빼어나고 상품의 수나 구성력이 좋아 전문가의 향기가 물씬 난다고 해도 초반에는 외딴섬이다. 야박하게 말하자면 외딴 무인도에 리조트를 세운 것이나 마찬가지다. 기껏 돈 들이고 고생해서 세운 리조트에 거미줄 치면 큰일이다. 일단 사람들을 실어올 유람선이 필요하다. 리조트의 품격이 있으니 크루즈급으로 생각한다. 크루즈는 사람도 많이 태울 수 있고 선상 파티, 이벤트도 많으며 여객선 디자인도 환상적이다. 크루즈를 본 리조트 운영자는 문득 생각했다. '좋은 크루즈만 계약하면 리조트에 사람 많이 오겠네. 크루즈의 가치를 최대한 활용하자.' 그리고 적지 않은 돈을 주고 제발 우리 외딴섬 리조트에 항로를 추가해달라고 말하며 크루즈 내 홍보자료도 비치해달라고 사정했다.

크루즈 운영자는 손해볼 것이 하나도 없다. 가만히 앉아서 돈을 버는 것이나 마찬가지다. 이미 자신의 시장은 고객군이 형성되어 있어 꾸준한 매출이 나온다. 리조트를 소개해주고 돈을 받으니 나쁠 것도 없다. 초보 리조트 운영자와 손 잡아서 손해볼 게 없다. "우리가 이런 적이 없었어요. 하지만 같이 해볼까요? 돈은 잘 챙겨주시고요." 꿈 같은 대답을 들은 리조트 운영자는 매월 비용을 지불하기로 하고 고급 크루즈와 계약한다. 세상을 다 얻은 것 같다. 곧바로 텅텅 빈 리조트에 친구, 친척 모두 불러 파티를 연다. 그리고 생각한다. '나는 성공했다. 크루즈가 돈을 싣고 내게 달려온다고!'

이게 쇼핑몰 운영자와 포털 사이트의 관계이다. 지금까지 강의를 해오며 느낀 점은 절대 다수의 쇼핑몰 운영자가 포털 사이트의 광고력을 믿고 의지

한다는 것이다. 비용이 비싸고 부담되지만 다른 대안이 없다고 한다. 한 가지 더 신기한 점은 포털 사이트에 광고하면 그걸로 '끝'이라고 생각한다는 것이다. 힘들게 쇼핑몰을 구성했으니 사람들이 방문만 하면 매출은 반드시 일어날 것이란 굳센 믿음이 있다. 그렇게 2~3개월 동안 적지 않은 돈을 들인다. 그리고 이어지는 말은 이렇다.

"광고가 소용이 없어요. 돈은 많이 들고 사람들은 들어오기는 하는데 사지는 않고요. 힘들어요."

■ 1년을 버틸 수 있는 재정 관리는 필수

절대로 포털 사이트는 소비자를 발굴해주지 않는다. 그저 마를 일이 절대 없는 바다일 뿐이다. 포털 사이트에서 광고를 진행하는 것은 바다에서 낚싯배에 돈 주고 탄 것과 다름없다. 물 반, 고기 반인 어장에 갔다고 물고기가 낚싯배에 파닥거리며 뛰어올라 "제 배를 갈라주세요. 오늘은 뱃살이 맛있을 겁니다"라고 할 리가 없지 않은가. 낚싯대든 그물이든 가져가야 하고 그걸 바다에 던져야 하며 물고기를 배 위로 낚아올려야 한다. 지금까지 우리는 여러 가지 쇼핑몰 UX에 대해 같이 연구했다. 이 책을 읽으며 당신의 쇼핑몰에 대한 사고방식이 바뀌었다면 이제 물고기를 잡을 차례다.

물고기를 잡기 위해서는 그물이 좋아야 한다. 큰 그물일수록 많은 물고기를 잡을 수 있다. 하지만 무턱대고 큰 그물부터 만질 수 없는 것이 인간이다. 작은 그물로 고기를 잡아봐야 그물맛을 알고 그 크기를 조금씩 키워나간다. 이렇게 그물이 손에 익는 기간이 짧게는 3개월에서 6개월이고 길게는 1년이다.

무턱대고 키워드 광고부터 하는 쇼핑몰 운영자는 성격이 급하거나 궁핍한 자본으로 인해 돈이 급한 경우다. 요즘에 아무리 작은 쇼핑몰이라고 해도 제대로 구축하기 위해서는 웬만한 중형차 가격이 든다. 100만 원도 안 되는 돈으로 큰 성공을 거두었다는 말은 당연히 광고 문구일 뿐이다. 매출로 유도할 수 있을 정도의 효과를 보기 위해서는 한 달에 1천만 원 정도의 예산이 있을 때나 가능하다. 매달 광고비로 이 정도의 가격을 투하할 정도면 품목이나 쇼핑몰 디자인 등이 이미 충분히 구축되어 있는 상태이다. 그러니 쇼핑몰을 준비할 때는 적어도 1년은 버틸 수 있는 사업 계획과 재정 관리가 필수이다.

02 틈새 키워드 발굴해 틈새시장을 장악하자

꿩 대신 닭이라고 황금 키워드는 활용이 어려우니 우리는 틈새 키워드(연관 키워드)를 열심히 찾아야 한다. 잘 알려지지 않은 기념일(부부의 날, 키스의 날 등)도 좋은 활용의 예다. 많은 사람이 틈새 키워드는 효과도 미진하고 힘들며 시간도 많이 걸리고 유입도 적다고 한다. 맞는 말이다. 그렇기 때문에 명칭이 틈새 키워드인 것이다.

틈새시장을 개척한 아이템을 보면 공통점이 있다. 이미 포화된 시장에서 조그마한 틈을 찾아 자리를 잡는 방식인데 생각보다 시간이 오래 걸린다. 그럼에도 꾸준히 개척을 시도하는 이유는 한번 자리를 잡으면 그만큼 효과가 오랜 시간 꾸준히 지속되기 때문이다.

■ 키워드를 저축하라

틈새 키워드는 적금 효과가 있다. 무슨 말인가 하면 잘 발굴해낸 틈새 키워드는 주력 키워드에 비해 검색 빈도는 낮지만 오랜 시간 동안 검색결과의 최상단에 위치한다는 특징이 있다는 것이다. 카페 운영을 하다 피로도가 높아져 블로그에만 집중한 적이 있었다. 검색이 꾸준한 주력 키워드는 당시에도 가격이 만만치 않았다. 그리고 무슨 자존심이었는지 키워드 구매는 되도록 하지 않았다. 당시 카페 운영에서 일반인이 잘 모르는 브랜드나 디자인을 꾸준히 소개하였는데 이 중에서 틈새 키워드를 적극적으로 활용했다. 블로그에 글을 쓰는 건 카페 게시판에 글을 썼던 경험이 있어 비교적 어렵지 않았지만 글 속에 틈새 키워드를 적절히 섞는 게 어려웠다. 그렇게 끙끙 앓으면서 블로그를 구성하는 데만 두 달은 걸렸다. 쇼핑몰로 직접 유입되는 경로도 눈에 띄는 증가가 없어 들어간 시간이 아깝다는 생각이 들 정도였다. 하지만 시간 낭비라는 생각이 들면서도 지금까지 올린 글이 아까워서 계속 작성했다. 관련된 정보의 섭렵은 물론이고 잡지도 구입해서 보았으며 외국의 사이트에 들어가 이미지 검색도 많이 했다.

이렇게 한 달이 지나니 효과가 슬슬 보이기 시작했다. 유입이 폭증하지는 않아도 비례해서 늘어났고 꾸준히 유지되었다. 분명 글을 올리기만 했다고 이런 결과가 나올 리 없다는 의심이 들어 지금까지 올렸던 글을 검색해보았다. 결과는 예상 밖이었다. 묻힐 줄 알았던 필자의 블로그글의 틈새 키워드가 최상위에 위치하고 있었다.

이래서 틈새 키워드는 발굴하면 할수록, 정보전달력이 좋으면 좋을수록 적금 통장에 이자가 붙듯이 꾸준히 검색이 반복된다. 물론 틈새 키워드도 유

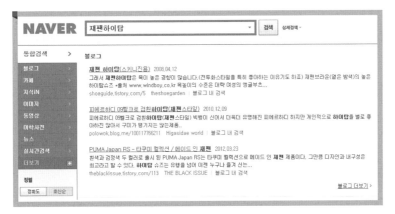

틈새 키워드 발굴을 잘하면 두고두고 활용할 수 있다

행을 타는데 이는 키워드 검색을 꾸준히 하다 보면 언제 수정하면 될지 느낌이 온다. 저축할 돈을 모아 저축하러 가는 과정이 어려울 뿐이다. 잘 자리잡은 블로그글은 꾸준히 이자를 준다. 그러니 블로그글을 틈새 키워드와 당신의 필력, 그리고 정보를 최대한 융합해 꾸준히 올려라. 대가는 반드시 따라온다.

■ 꾸준한 정보 제공과 스토리로 승부하라

여기에는 보너스도 있다. 당신의 블로그를 '즐겨찾기' 하는 효과도 누릴 수 있다. 인간의 습성 중 하나가 쉽게 얻은 것은 쉽게 버리고 어렵게 얻은 것은 소중히 한다는 것이다. 포털 사이트에서의 정보검색도 마찬가지다. 어디를 가나 읽는 글이 그 나물에 그 밥이면 필요할 때마다 나물과 밥을 구하면 된다. 그런데 '우연히' 좋은 정보의 글을 찾거나 적어도 앞으로 계속 올만한 곳이라는 생각이 들면 상황은 바뀐다. 다시 찾을 수 없을지도 모른다는 생각에

갑자기 그 글들이 소중해지고 그 글들이 모여 있는 블로그는 더욱 소중해지며 블로거에게는 고마운 생각마저 든다.

당신의 블로그에 대한 즐겨찾기가 꾸준히 이어지면 또 하나의 보너스인 입소문이 따라 온다. 그리고 그들이 먼저 당신에게 소통을 시도한다. 메일을 보내거나 쪽지를 보내 안부를 전하기도 한다. 당연히 쇼핑몰 운영자와 소비자가 아니라 사람과 사람으로 대해야 한다. 상품정보에만 충실한 글을 쓰면 안 되는 것이 이런 이유다. 사람과 사람의 이야기가 없으면 소문이 퍼질 일도 없다. 당신의 전문적 식견에 의지할 수 있는 글들이 혼합되어 있어야 하고 이런 맛깔나는 글은 결국 끊임없는 틈새 키워드 발굴과 이에 매칭할 수 있는 스토리텔링이 있어야 한다.

황가네농장의 사례를 살펴보자. 서울에서 출판업을 하다가 빡빡한 도시 생활이 지겨워 가족을 설득하여 귀농한 사람이 있다. 시작한 사업은 복분자와 오디다. 치명적인 약점을 가지고 시작했다고 봐야 한다. 복분자는 고창의 특산주로 이미 정평이 나있던 상태인데 고창도 아닌 정읍에서 판매한다고 하니 아무리 근접한 마을이라고 해도 소비자는 아류로 생각할 것이다.

그래서 이러한 약점을 극복하고자 초반 블로그 관리를 상당히 치밀하게 했다. 해가 뜨기도 전에 나가 밭을 일구고 돌아오면 이른 아침부터 틈새 키워드 발굴에 몇 시간을 투자했다. 하면 할수록 는다고 시간이 지나니 발굴 속도도 상당히 빨라졌다. 틈새 키워드의 특징상 유입량은 많지 않지만 일단 들어오면 블로그에 관심을 갖고 다시 찾을 수 있도록 콘텐츠 구성을 했다. 그리고 글을 올리는 시간을 정해놓고 꾸준히 업데이트했다. 농장의 이야기도 하고 들판에 핀 꽃도 찍어 보여주고 익어가는 복분자도 포스팅했다. 블로

황가네농장은 쇼핑몰이 따로 있지만 블로그를 찾는 이가 많아 블로그로 바로가기 서비스가 제공된다

그는 '귀농'에 초점을 맞추었고 향수를 자극하는 콘셉트였다. 소비자는 상품화된 복분자만 접하다가 햇빛 가득 머금은 복분자가 어떻게 수확이 되고 발효가 되어 술로 나오는지를 보게 되었다. 상당히 신선했다. 때론 이목을 끄는 글로 무수한 관심을 받기도 했는데 그중 하나가 '아카시아 꽃잎'을 튀겨서 먹는다는 글을 올린 것이다. 이는 생활과 상품정보가 어우러진 이상적인 예다.

그렇게 글을 올리면 또 다시 밭으로 나가 복분자와 오디를 살피고 귀농인의 일상을 시작한다. 해가 슬슬 중천에서 내려올 시점에 다시 그는 집으로 돌아와 배송 작업을 했다. 이때 주문자마다 일일이 안내문을 만들어보내고 자매품을 넣어 맛보게 했다. 어떻게 마시면 좋은지 세밀하게 적은 것은 물론이고 명함을 넣는 것은 당연했다. 그리고 전문성을 키우고자 상품의 포장도 별도로 디자인했다. 당시에는 선두라고 할 수 있는 QR코드에 스마트 태그까지 박스에 인쇄했다. 철저하게 쇼핑몰 UX를 재창출한 것이다. 이 노력이 성과를 보여 매출의 80%가 블로그를 통해 이루어진다고 한다.

황가네농장은 트위터는 물론이고 페이스북도 활용하고 있으며 규모화를

볼거리가 가득한 블로그는 매출로 이어진다

위해 같은 지역의 농수산 쇼핑몰 소개도 병행한다. 1년이 지난 블로그와 홈 페이지는 작년에 비해 상당한 발전을 이루었으며 이는 블로그가 이끌었다고 해도 과언이 아니다. 그것도 틈새 키워드로 말이다.

03

블로그 이젠 다르게 활용하자

최근 세금 탈루, 기업 상품에 대한 몰아주기 평으로 홍역을 겪은 파워블로거 들의 일을 기억할 것이다. 특정 포털 사이트와 파워블로거의 양자 대결로 업 계의 관심을 끈 이 일은 명분에서는 파워블로거의 승리, 실리에서는 포털 사 이트의 승리로 마감되었다. 게다가 소셜커머스의 급성장은 파워블로거의 지

블로그 섹션을 별도로 클릭해야 노출되는데 이전에 비해 홍보성이 떨어진다

위를 약화시킨 원인 중 하나다. 그런데 이 다툼이 엄한 곳으로 불똥이 튀었으니 그중 하나가 쇼핑몰이다.

우선 쇼핑몰에 관련된 대표적인 키워드의 블로그 연동이 닫혔다. 가령 네이버에서 여성의류로 검색을 할 경우 블로그 섹터가 없어진 것이다. 가장 억울한 것은 기존에 꾸준히 블로그 관리를 하던 쇼핑몰 블로그이다.

섹션검색으로는 노출이 되지만 통합검색으로 노출이 되지 않으니 기존의 유입량이 대놓고 줄어든 것이다. 필력이 좋고 판매상품에 대한 전문적인 지식이 있는 쇼핑몰 운영자에겐 블로그의 원천적 차단은 치명타였다. 블로그는 카페의 훌륭한 대안이었기 때문이다.

■ 카페보다 블로그

앞서 쇼핑몰 운영자의 카페 운영을 만류했는데 그 이유를 좀 더 자세히 들여다보자. 회원이 많은 카페는 말 그대로 돈 덩어리다. 게시판마다 버글거리는 회원들의 글은 물론이고 이런 풍부한 방문자 수를 대상으로 다양한 공동구매와 이벤트, 그리고 카페 대문에 일정한 금액을 받고 다양한 배너 광고도 할 수 있다. 하지만 카페 운영은 쇼핑몰 저리 가라 할 정도로 성실함과 꾸준함이 필요하다. 회원모집을 위해 홍보와 게시판마다 사람을 이끄는 글을 꾸준히 올려야 한다. 회원 수가 많으면 회원가입 및 정회원 승급, 악성회원 관리 등 별도의 운영진도 필요하다. 카페 내 회원 이탈을 방지하고 신규회원 유입을 위해 다양한 콘텐츠를 끊임없이 제공해야 한다. 누군가는 웬만한 인터넷 언론사 버금갈 정도로 에너지가 필요하다고 했다.

카페 신드롬이 한창일 때 대다수 쇼핑몰 운영자도 카페 개설을 많이 했

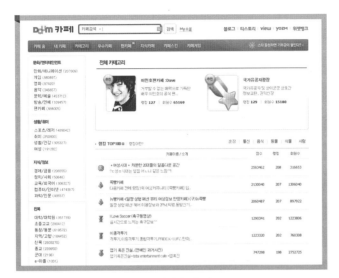

전체 카페의 개수가 다 합치면 백만 단위가 넘는다

다. 그래서 존재만 있고 운영은 안 하는 죽은 카페도 많았다. 의욕은 좋지만 벌려놓은 게시판 관리가 보통이 아니었던 것이다. 뱁새가 황새 따라가다 가랑이 찢어지는 일이 허다했다.

　예를 들어보겠다. 카페는 아무리 못해도 게시판의 카테고리가 열 개는 넘어야 한다. 전문성이 있는 알짜 카페로 운영한다고 해도 다섯 개는 되어야 한다. 여기에 정말 무서운 것이 하나 있다. 바로 새로운 글을 알리는 자그마한 표시다. 이 표시가 며칠을 가지 못한다. 방금 올린 것 같지만 벌써 표시가 사라져 있다. 꾸준히 올리지 않으면 당장 게시판이 죽는 것이다. 글을 올리는 일도 보통이 아니다. 회원을 유도하기 위해 구성할 글은 방송의 시나리오 짜듯이 재미와 정보, 볼거리 등이 많아야 한다. 이목을 끄는 글을 쓰는 것도 결코 쉽지 않은데 이러한 글을 며칠마다 하나도 아닌 최소 다섯 개씩 올려보

Chapter 5. 마케팅 UX: 나만의 스토리를 구축하라

205

라. 차라리 책을 쓰는 것이 쉬울 정도다.

게다가 카테고리당 카페의 수가 20만 개가 넘고 40만 개가 넘는 곳도 있다. 회원 수 1만 명 모으기도 힘든데 카페의 수는 수십만 개를 넘는다. 상황이 이렇다 보니 카페를 매매하는 일도 많은데 카페 하나 인수하는 비용이 쇼핑몰 가격을 상회하기도 한다. 양질의 카페를 고르는 일도 보통이 아니다. 꾸준히 회원이 유입되어야 하는데 그런 양호한 카페를 찾기 힘들 뿐더러 설령 나온다고 해도 결코 비용을 감당하기 어렵다. 카페 자체로 돈을 잘 버는데 어떤 운영자가 내놓을까?

카페를 인수한다고 해도 운영이 쉽지 않다. 카페를 관리하는 인원만 주야 교대로 세 명을 돌리는 경우도 있었다. 이것도 벅차다면 이미 자리 잡은 카페에서 꾸준히 활동하며 자신의 쇼핑몰을 은근히 홍보하고 회원에게 별도의 혜택을 주는 방법이 있다. 그러나 이 방법은 그리 쉽지 않다. 이미 쇼핑몰 운영자인 많은 회원들이 시도했다. 카페 운영자도 많은 제안의 쪽지와 메일을 받는다. 어떻게 보면 남 좋은 일인데 회원들끼리 싸우는 일도 벌어지고 물품이 말썽을 일으켜서 오해 아닌 오해도 받는다. 공동구매를 한다고 입금을 받고는 사라지는 사람도 있다. 골치 아프고 회원들도 파격적인 혜택이 아니면 별 관심이 없다. 이전에는 몰라도 지금은 들어가는 시간에 비해 얻을 수 있는 대가가 크지 않다. 당연히 노가다 홍보가 된다. 물론 꾸준히 하면 자리를 잡지만 갈수록 시간 대비 효율이 떨어져서 문제다.

반면 블로그는 그렇지 않다. 격일에 글 하나씩만 잘 올리고 핫 키워드, 연예인, 드라마, 뉴스를 잘 조합하여 구성하고 이에 상품정보를 덧붙여 올리면 반응이 좋다. 포털 사이트에서의 검색결과도 이득이 컸다. 네이버 블로그뿐

블로그

[공지]명품이어폰추천.아토믹 플로이드 Minidarts + Remote(미니다츠... 6시간견
Minidarts + Remote(미니다츠+리모트) 여러분~ 음악 자주 들으시나요? 혹시 어떤 이어폰 사용하시나요? 요즘엔 음악애호가
들이 많아져서 그런지 명품이어폰을 점점 많이 사용하는 추세인 것 같다고요. 그래서 대세에 맞게...
blog.naver.com/atasirasiku/120166461989   gracey's Beauty Rule..

해외여행 필수품 아토믹 플로이드 아이폰 이어폰 MiniDarts +Remote 2012.07.17
해외여행 필수품 아토믹 플로이드 아이폰 이어폰 MiniDarts +Remote 7,8월은 본격적인 여행의 계절이기도 하고 특히 아이들
방학과 휴가가 있으므로 해서 해외여행을 많이 가시는 달이기도 합니다. 요즘 경제가 어려워...
blog.naver.com/kimcoco1/130142667590   초보 사진사

아토믹 플로이드 하이데프드럼 리모트 이어폰 사용 후기 개봉기 2012.08.15
아토믹 플로이드 하이데프드럼 리모트 이어폰 사용 후기 개봉기역의 명품 이어폰 브랜드 아토믹 플로이드(Atomic Floyd)가
국내 시장에 하이데프드럼 리모트(HiDefDrum +Remote)를 출시했습니다. 아토믹 플로이드 하이데프...
loved.pe.kr/2173   러브드웹의 인터넷이..

파이오니아 SE-CL551 밀폐형 다이나믹 이어폰 / 신사의품격 김정난이어폰... 21시간견
잦은지 모르겠어요. 오늘 소개해드릴 파이오니아 이어폰은 신사의 품격에서 김정난씨가 착용했던 제품입니다. 파이오니아 SE
-CL551 밀폐형 다이나믹 이어폰 신사의품격 / 이어폰 추천 YEI입으로 1,2m 코드길이...
blog.naver.com/iyj1120/150145105573   서늘함의 생각나무 (..

싸이이어폰추천! 소니XBA-4 2012.08.12
싸이이어폰추천!! 소니하이앤드 XBA-4 락, 재즈 등 그루브 사운드를 위한 소니 XBA-4 소리가 다른 싸이이어폰추천! 요즘 저
는 싸이이어폰 XBA-4으로 음악듣는 즐거움에 빠져있답니다.^^ 요즘 제가 이어폰을 자주 접하게...
blog.naver.com/kara920/163959750   카라...ing

파워블로거 사태 이후 네이버에서 '이어폰'을 검색해도 나오지 않는 결과가 다음에서는 검색된다

만 아니라 경쟁사인 티스토리도 키워드에 따라 검색이 잘된다. 돈이 필요한 키워드 광고의 훌륭한 대안인 것이다. 주변의 소개를 통해 파워블로거를 알면 마치 축복과도 같았다. 파워블로거의 아이템을 추천하는 글 하나가 많은 사람을 쇼핑몰로 불러들였다. 이름을 대면 알 만한 기업과 상품이 이들에게 적지 않은 홍보비를 지출한 것도 이런 이유이다.

당연히 포털 사이트 입장에서는 반가운 일이 아니다. 기업 블로그를 통해 수익을 꾀했던 초반의 블로그가 파워블로거에게 전이되어 수익 가치가 떨어졌다. 기업들이 유료의 홍보 블로그를 구축하는 것보다 파워블로거에게 일정한 비용을 지급하는 방식이 더 효율적이라는 것을 안 것이다. 게다가 많은 수익을 안겨주는 인기 키워드가 블로그의 검색 키워드로 차용되기도 했다. 파워블로거가 활성화되고 블로그의 트래픽이 증가할수록 손해였다.

그런데 이때 아주 좋은 명분이 생겼다. 파워블로거의 수입이 탈세로 문제

가 생기면서 여론이 들끓었던 것이다. 국세청이 탈루 혐의로 세무 조사를 하고 언론에서는 앞다투어 소식을 전했다. 이 중에서 유명세를 탔던 몇몇 블로거가 연루되자 배신감을 느끼며 떠나는 이도 많았다. 이 일로 인해 네이버에서 쇼핑몰 상품과 관련된 키워드가 검색결과에서 사라지는 일이 발생하게 된다. 그래서 지금도 돈이 될 것 같은 특정 키워드는 네이버에서 찾아보기 힘들다. 그나마 다행이라면 네이버의 경쟁사인 다음에서는 쇼핑 관련성이 높은 키워드를 활용해도 블로그의 글이 검색된다는 점이다.

현재 네이버는 국내에서 1위 포털 사이트다. 최근 서비스를 중단한 파란의 데이터를 인수한 다음이 꾸준히 따라잡으려고 하고 있지만 네이버만의 영향력은 무시하지 못한다. 다음의 검색결과만을 믿기에는 아직 무리가 있다. 한때 짧게나마 이에 대한 대안이 떠오른 적이 있었다. 네이버에서 제공한 음악 블로그이다. 비록 음원 비용은 들지만 신곡과 히트곡 위주로 곡을 선별하여 쇼핑 관련 키워드와 함께 블로그의 글을 구성하는 방식이었다. 그래서 음악이 많으면 많을수록 많은 사람을 블로그로 불러모을 수 있었고 사람들도 오랜 시간 동안 블로그에 접속하여 음악 감상을 하며 글을 확인하는 방식이었다. 키워드 광고는 클릭하는 순간 결과값을 장담할 수 없는 상태로 증발하였지만 음원은 한 번만 구입하면 무한반복할 수 있다는 장점도 있었다. 또한 음악을 감상하려면 최소한 그 음악이 끝날 때까지 체류하게 된다. 물론 음악만 듣고 다른 일을 하는 사람도 많지만 일종의 울타리 효과는 보장되었기에 음악 블로그에서 인기가요를 위주로 쇼핑몰글과 함께 구성만 잘하면 효과는 썩 괜찮았다. 그런데 이러한 좋은 기회가 얼마 가지 못하고 특정 블로그와의 저작권 문제로 인하여 음원의 블로그 내 편집기능을 대폭 축소시키게 되었다. 현재는 2011년 10월 24일 이전에 구입한 음원만 자유롭게 구성할 수 있다.

지금의 블로그는 홍보에 활용할 수 있는 폭이 적다. 장기로 치면 차와 포를 빼앗긴 상황이다. 이러한 상황을 어떻게 극복해야 하는 것일까? 필자는 새로운 기회로 받아들여야 한다고 생각한다. 파워블로거의 영향력이 많이 축소되었고 상업적인 글의 노출도 쉽지 않다. 일반적인 쇼핑 관련 키워드는 검색결과에서 제외되는 일이 허다하다. 하지만 바로 여기에 쇼핑몰 UX가 숨어 있다. 블로그 구성을 조금만 치밀하게 하면 과거 파워블로거가 누리던 노출을 당신도 누릴 수 있다. 그렇다면 어떻게 치밀하게 글을 구성해야 할까?

이에 대한 해답은 바로 판매상품에 대한 여러분만의 전문적인 지식이다. 일반적인 설명에 그치는 것이 아닌 재미와 정보가 같이 있어야 한다. 판매상품에 대한 전문적인 식견은 홍보글로 인식되지 않고 비평글로 인정될 수 있다.

네이버에서는 '이어폰'을 검색하면 블로그의 글이 검색되지 않지만 '블루투스 이어폰'으로 검색하면 상단에 블로그의 글이 노출된다. 만약 이어폰을 주요 판매상품으로 구성한 쇼핑몰 운영자라면 이에 대한 다양한 정보를 올릴 수 있을 것이다. A모델은 음질이 좋은데 내구성이 떨어지고, B모델은 디자인이 좋지 못해도 성능이 좋다는 식의 구체적인 정보로 구성한다. 글을 구성할 때 중요한 기준이 있는데 독자를 반드시 초등학교 4학년 수준으로 맞춰야 한다는 것이다. 간혹 어려운 단어와 문맥을 고수하기도 하는데 이는 대놓고 어렵게 읽으라는 뜻이다. 소비자는 단순하다. 보기 좋으면 읽고 그렇지 않으면 외면한다.

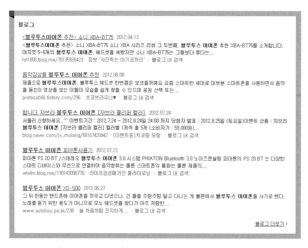

네이버에서 '블루투스 이어폰'을 검색하면 블로그의 글이 상단에 노출된다

　　이미지 활용도 마찬가지다. 글이 많으면 따분할 수 있어 중간에 이미지를 남발하는 일이 있는데 이는 오히려 역효과다. 일단 필요 없는 이미지가 많으면 블로그의 글 자체가 무거워진다. 스마트폰으로 보면 깨지기도 하고 읽다가 맥이 끊기는 일도 많다. 상품정보를 암시하는 글이라면 일단 상품정보 자체의 이미지에 집중하게 하라. 특정물품을 검색하는 이는 정보보다는 구매에 더 관심이 있는 사람들이다.

　　특정 브랜드 및 키워드를 적절히 글에 섞는 것도 중요하다. 가령 '뱅앤올룹슨 이어폰'이나 '닥터드레 헤드폰'으로 검색하면 검색결과가 제외되는 것을 볼 수 있다. 만약 뱅앤올룹슨과 닥터드레를 주력으로 판매하는 쇼핑몰 운영자라면 블루투스 이어폰으로 검색되는 글에 이 두 가지 브랜드 상품의 소개를 집어넣는다. 해당 브랜드는 직접 검색되지 않아도 우회검색으로 소비자를 유도할 수 있다. 이때 기능적인 설명으로만 치중하면 모든 노력이 허사가 된다. 고장났을 때 어떻게 하면 되며 수입되는 경로는 무엇인지, 매칭이 잘되는 액세서리를 보여주는 것도 좋은 방법이다. 이 중에서 인기 연예인이 선호하는 모델이 있다면 금상첨화다. 여기서 끝이 아니다. 당신만의 서비스가 가능한 '무엇'을 무조건 제공해야 한다.

사례가 하나 있다. 꽤 오래 전에 게임 CD를 판매하며 정말 기막힌 서비스를 제공하는 사람이 있었다. CD는 사용이 많아질수록 표면에 스크래치가 심해진다. 레이저로 데이터를 읽는 기계의 특성상 스크래치가 넓게 나거나 깊으면 속칭 '판이 튀는' 일이 생긴다. PC를 바꿀 때 게임의 설치가 잘 안되거나 플레이스테이션 등의 게임기기로 오락 자체가 안 되는 일도 있다. 음악 CD의 경우에는 재생이 매우 불규칙하다. 그래서 한 것이 CD 표면을 말끔하게 제거하는 기계로 서비스하는 것이었다. 초반 이러한 서비스 제공은 소비자를 유도하는 데 상당한 역할을 했다. 가격이 좀 더 있더라도 무상으로 표면 스크래치 제거를 해주니 기꺼이 구매한 것이다. 게다가 다른 곳에서 구입한 사람들은 돈을 내고서라도 해주면 안 되냐는 부탁도 했다.

소비자는 분명하다. 단순히 물품을 구매하는 것에서 그치지 않고 무엇인가 얻을 것이 있어야 한다. 이런 내용을 블로그를 통해 꾸준하게 홍보해야 소비자를 유입할 수 있다. 어렵게 유입한 소비자에게 심혈을 기울여 구축한 쇼핑몰 홈페이지를 당당하게 보여주자. 볼거리나 이벤트가 많고 참여고객의 활동도 활발하다면 체류시간을 효과적으로 늘릴 수 있다.

■ 블로그와 SNS로 연동하자

많은 쇼핑몰 운영자는 블로그 운영을 병행하고 있다. 여기서 최근 불거지는 문제가 있다. 바로 연예인 기사, 언론의 보도자료 등을 그대로 쓰거나 사진만 따로 쓰는 일로 인해 생기는 저작권 침해 문제다. 언론사 이름이나 기자 이름을 밝히면 누구나 쓸 수 있는 게 보도자료, 방송자료라고 흔히 생각하는데 실상은 전혀 그렇지 않다. 상표권과 저작권에 대한 강의를 하면 수강생들의 다양한 상담을 받는데 꾸준하게 들어오는 내용이 바로 이 부분이다. 그이유는 무엇일까?

기자가 연예인과 인터뷰를 했다고 하자. 그러면 인터뷰를 진행하는 기자가 따로 있고 사진촬영을 하는 기자가 따로 있다. 두 사람 간에 오고간 이야기를 정리해서 기사로 올리고 사진도 적정한 위치에 배치한다. 하지만 기자가 기사 작성을 해도 소유는 언론사가 한다. 이를 업무상저작물이라고 하는데 소설로 치면 아버지를 아버지라고 부를 수 없는 홍길동과 같다. 그래서 기자가 자신이 쓴 기사를 묶어 책을 출간하려면 자신이 속한 언론사의 동의가 있어야 한다.

기자도 자신의 기사를 마음대로 활용할 수 없는데 하물며 타인은 어떻겠는가? 사용하는 순간 저작권 침해가 성립된다. '언론의 자유'를 침해하는 것이 아니냐고 반문할 수도 있다. 하지만 언론의 자유는 우리가 생각하는 '언론자료 활용의 자유'가 아닌 '국민의 알 권리를 충족시키는 취재의 자유'라고 이해해야 한다. 물론 출처를 밝히고 쓸 수 있는 보도자료가 있다. 바로 객관적 사실만을 기술한 기사이다. 이게 무슨 말이냐 하면 말 그대로 사실만을 열거한 기사를 뜻한다. 가령 '금일 코스피 지수는 25포인트가 하락하여 1800입니다', '상암동 월드컵 구장에서 열린 월드컵 예선전에서 한국이 일본에 5:0으로 승리했습니다' 등이다. 이런 보도자료는 아무리 써도 저작권 침해로 문제가 안 된다. 그렇다면 문제가 되는 보도나 기사는 무엇일까?

의류를 예로 살펴보자.

올 가을 트렌치코트의 판매가 작년에 비해 50% 상승했습니다.

이는 사실보도이기 때문에 아무리 가져다 써도 문제가 되지 않는다. 하지만 기획보도로 글을 썼다면 상황이 달라진다.

가을은 남자의 상징이다. 남자의 고독은 비단 덕수궁 돌담길에 떨어진 낙엽만은 아닐 것이다. 트렌디한 모습, 그리고 남성의 외로움을 패션으로 표현할 좋은 아이템이 있다. 올 가을 프랑스 디자이너가 세련되게 터치한 프랑스판 가을을 한국에서 느껴보면 어떨까? 최근 인기리에 방영 중인 드라마에서 장동건이 입고 나와 더욱 관심이 높아진 트렌치코트. 평범한 남자도 이 코트 하나로 시크하게 변신할 수 있다.

이는 기자의 주관이 들어간 기사다. 자신의 생각을 기사를 통해 창작의 과정을 거쳐 기사로 내보냈다. 사실 트렌치코트를 설명하며 돌담길이나 드라마 이야기는 나올 필요가 없다. 그럼에도 독자에게 맛깔스런 정보를 제공하고자 자신만의 필력을 활용해 창작한 기사다. 만약 트렌치코트를 주력으로 판매하는 쇼핑몰 운영자가 이 글을 보았다면 그냥 넘어갈 수 있겠는가? 그대로 가져다 쓸 수밖에 없다. 그리고 저작권 침해 분쟁에 휘말리게 될 것이다. 이러한 일을 방지하기 위한 세 가지 방법이 있다.

언론사에서는 기사를 SNS로 퍼가는 것을 유도하기도 한다
(출처: 한국일보)

첫째, 기사의 내용을 토대로 글을 재구성하는 것이다. 트렌치코트에 대한 자신의 생각을 말하고 어디 신문에서도 이런 글로 나왔다고 하는 방식이다.

둘째, 제목과 세 줄 미만의 기사를 복사하여 링크를 거는 방법이다. 하지만 이 방법은 추천하지 않는다. 블로그의 글이 불성실하게 보일 수 있기 때문이다.

셋째, SNS를 통한 기사 활용이다. SNS는 자발적인 입소문이 큰 매력인 네트워크 공간이다. 언론사는 자신의 기사가 SNS 사용자에 의해 확대재생산이 반복되면 SNS 내 영향력도 커지므로 서로 쓰라고 기사 위에 아이콘을 잔뜩 붙인다. 미투데이, 트위터, 페이스북 등 자신의 성향에 맞는 SNS로 옮겨주기만 하면 된다. 모순적인 상황이다. 어디는 출처를 밝히고 써도 저작권

황가네농장 페이스북을 통해 황가네농장의 쇼핑몰이나 블로그로 이동할 수 있다

침해가 되지만 SNS는 누구나 써도 문제가 안 되기 때문이다. 그렇기 때문에 블로그와 SNS의 연동은 매우 효율적인 대안이 된다.

복분자와 오디를 판매하는 황가네농장은 페이스북에서 쇼핑몰이나 블로그로 이동할 수 있도록 상단에 두 개의 아이콘을 배치했다. 그리고 그 아래는 네이버 블로그에 포스팅한 다양한 글이 링크되어 있다.

페이스북 최상단에 있는 [[고추] 유기농고추 다지기]를 클릭하면 블로그로 이어진다. 황가네농장은 복분자가 주력이지만 블로그에는 복분자 이야기만 하지 않는다. 다양한 글을 올리며 사람 사는 이야기를 들려준다. 앞서 말했듯이 황가네농장 블로그는 복분자 판매가 아닌 귀농이 콘셉트이기 때문이다. 그래서 블로그 소개도 '황가네농장 귀농이야기'이다.

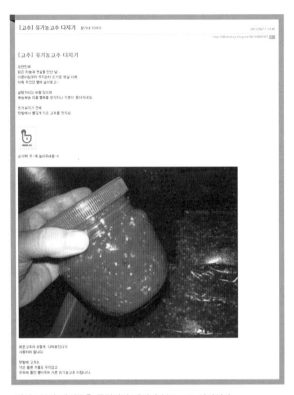

페이스북의 게시글을 클릭하면 네이버 블로그로 이어진다

앞에서도 소개했지만 황가네농장 운영자는 서울에서 출판업에 종사하다 도시 생활이 너무 치열하고 삶의 의미를 찾지 못해 무작정 가족을 설득했다고 한다. 그리고 그대로 귀농한 후 복분자를 재배하기 시작했다. 황가네농장 운영자는 자신이 직접 재배하여 판매하는 복분자를 알리기 위해 인터넷을 시작했고 복분자에 대해 할 말이 많았지만 이를 전면으로 내세우지 않고 대중의 호기심을 자극할 만한 글을 포스팅했다. 이는 이벤트 콘텐츠의 구성과 구별된다.

황대장 술안주로 준비해 보려고
급하게 만든 **아카시아를 튀김**.

급하게 만들어서 그런지
'튀김'이 아니라 '전'인것 같은 모양새 가 묶여 버렸습니다.

* * ...요청은 이래도
간장 콕~ 찍어먹는 맛이 향긋하니 괜찮은데요.

아카시아 꽃을 튀겨 먹었다는 내용의 포스팅과 같은 호기심을 자극하는 글은 사람의 관심을 모은다

황가네농장 블로그에서 대표적인 글을 다시 소개한다. 아카시아 꽃을 튀겨서 먹을 수 있다는 재미있는 글이다. 음식을 꾸미기 위해 꽃잎을 사용하는건 보았어도 꽃을 튀겨서 먹는다는 것 자체는 사람들의 호기심을 자극하기에 충분하다. 또한 귀농한 가족이 이야기하는 스토리니 콘셉트도 이질적이지 않아 자연스럽게 글을 읽는다. 그리고 그 사이 복분자를 재배하고 판매하

는 농장이고 쇼핑몰도 운영한다는 글을 읽고 인식하게 된다. 페이스북에서도 소개되었는데 이 글을 통해 많은 사람이 블로그로 유입되었음은 말할 것도 없다.

또한 이 블로그는 하이브리드 블로그를 지향한다. 네이버 블로그이지만 다음에서 제공하는 서비스인 '다음 뷰' 서비스를 활용하고 있다. 현재 다음에서는 경쟁사에 관계없이 URL를 등록하면 다음 뷰 서비스를 제공하고 있다. 다음의 트래픽을 일정 부분 등록한 블로그로 유입시킬 수도 있다. 당연히 효과도 배가 된다.

현재 황가네농장 블로그 이웃은 3300명이 넘는다. 포스팅 횟수는 8300번을 넘겼다. 블로그에 유입되는 수는 매일 1500명이 넘을 때가 대부분이고 2천 명을 초과할 때도 많다. 현재까지 누적 방문자 수는 175만 명이다. 방문한 모두가 쇼핑몰로 유입되지는 않겠지만 일부라도 이를 키워드 광고로 유입시키려고 했다면 감당해야 할 비용이 얼마나 될지 가늠할 수 있을 것이다.

황가네농장은 네이버 블로그 하나로 전방위 홍보를 펼치고 있다. 볼거리와 읽을거리, 참여거리가 가득하니 자연히 블로그에서의 체류시간은 늘어나고 판매상품의 노출도 그만큼 늘어난다. 절대 블로그는 짧은 시간에 욕심을 내면 안 된다. 마치 잡지를 발행하듯이 콘텐츠를 꾸준하게 업데이트해야 한다. 매일 자신의 블로그로 유입할 만한 틈새 키워드가 무언지도 연구해야 한다.

최근 페이스북과 트위터의 미래가 밝지 않다고 전망하는 견해가 많이 늘었다. 사람 간의 정보 교류가 주 목적인 공간에서 쇼핑몰 홍보를 목적으로 하는 글은 벽이 높은 것도 사실이다. 그러므로 SNS에 대해서 당장의 효과를 기대하고 접근하면 그저 그런 반응에 실망할 수도 있다. SNS 자체로 네트워크를 늘리기에는 상당한 노력이 있어야 하니 그 시간을 블로그에 투입하는 것이 노출이나 파급면에서도 좋다. 그러므로 SNS보다 블로그에 더 많은 비중을 두어야 한다.

단 주의할 점이 하나 있다. 사생활 관련 글은 절대 블로그나 SNS에 올라가지 않도록 관리해야 한다. 가령 쇼핑몰 운영자의 지인이 올린 '어제 술 한 잔 좋았으이, 쇼핑몰 힘들지? 버텨라! 홧팅!' 같은 글이 있다고 해보자. 방문하는 이들에게 불필요한 박탈 의식을 심어줄 수 있다. 공과 사를 명확하게 구분하는 것이 중요하다.

■ 드라마 스틸샷도 저작권 침해

블로그를 자주 노출시킬 수 있는 훌륭한 소스는 바로 엔터테인먼트다. TV를 보기 좋아한다면 쉬면서 일하는 반가운 소식이지만 정반대의 경우라면 상당히 고역일 것이다. 요즘 인터넷 언론사의 기사를 보면 상당 부분 드라마나 예능 프로에 그 소스를 의지하고 있다. 마치 드라마나 예능 프로에 보도국을 설치했나 싶을 정도로 실시간으로 기사를 구성하며 '○○○ 굴욕', '그녀의 과거가? 힘들었던 가정사 때문에' 등 자극적인 제목이 따라 붙는다. 그런데 이게 효과가 있다. 이는 사람들의 순간적인 관심을 최대한 활용하는 방법이다.

드라마는 쇼핑몰을 홍보할 수 있는 최적의 방법이다. 의류, 가방, 신발, 시계, 전자제품, 자동차 등 모든 품목을 아우른다. 이 중에서 한 제품이 부각되면 시청자들은 당장 상품 구매자로 돌변한다. 당연히 관련 키워드 몸값도 조용하다가 급상승한다. 그때마다 키워드 광고 비용을 지출하는 것이 부담이니 이를 그대로 재미있는 글로 구성해 블로그에 포스팅한다. 당연히 제품의 전문적인 지식이 있어야 '그 연예인이 착용한 핫 아이템이 무슨 브랜드인데 그 상품을 내가 판다'는 식의 글을 잘 포장해서 노출할 수 있다. 필요하다면 잡지를 구독하여 여러 제품의 다양한 정보를 얻는 것도 좋다.

키워드 사용에 대한 노출도 상당히 자유롭다. 드라마 이름이나 드라마 속 배역 이름(연예인 실명이 아님을 기억하자) 등은 블로그글에 노출해도 지장이 없다. 가령 배우 유준상이 아닌 〈넝쿨째 굴러온 당신〉의 방귀남이라는 식이다. 쇼핑몰 관련 블로그는 홍보가 목적이기 때문에 실명을 사용하면 연예인 퍼블리시티권 침해로 해석될 수 있으니 유의하자. 연예인 선정도 타이밍을 잘 맞춰서 선택하자. 인기 연예인은 파급력이 좋지만 그만큼 글들이 지천으로 쌓였다. 그래서 인기 연예인의 글은 속도전이며 명료하게 작성하여 빠르게 노출시키고 선점 효과를 노려야 한다. 반면 대중의 관심을 받기 시작한 신인이나 드라마의 경우엔 글의 내용에 전문적인 식견을 충분히 녹여 조금은 길게 써서 노출시키는 것이 좋다.

예능 프로그램도 놓치지 말아야 한다. 연예인이 예능 프로그램에서 내뱉는 말에는 은근히 자극적인 것이 많다. 당연히 포털 사이트의 검색순위에 진입할 확률이 높은 키워드가 된다. 실제 예능 프로그램이 방송되는 시간에 인터넷을 서핑하며 시청해보길 바란다. 앞서 언급했듯이 대부분 그냥 보고 지나칠 만한 프로그램을 포털 사이트에서 재생산하는 군소 언론사의 기사를 확인할 수 있다. 이들의 글을 보며 나는 어떻게 다르게 각색을 해야 할지 고민하라. 이 기사들이 훌륭한 교과서 역할을 할 것이다.

여기서 주의할 점이 있는데 바로 저작권 침해다. 언론사가 아무리 작다고 해도 언론사의 요건을 지니고 있으면 보도자료가 된다. 저작권법에서는 보도를 목적으로 한 자유로운 저작물 사용을 허락하고 있다. 그러니 이들은 방송화면을 캡처해서 인터넷 기사를 쓴다고 해도 문제가 되지 않는다. 그렇다면 언론사만 특권이 있을까? 비평, 연구, 학술 등의 목적으로 사용하는 타인의 저작물 사용은 침해로 인정하지 않는다. 개인이 이미지, 보도자료 등을 동의 없이 쓰더라도 위의 목적에 부합하는 글이라면 침해와는 거리가 멀다. 그러나 홍보라는 목적이 농후한 쇼핑몰 관련 블로그는 비평, 연구 등과 거리가 멀기 때문에 참고용으로 올린 연예인 사진 하나로 쑥대밭이 될 수 있다.

드라마 하나가 뜨면 덩달아 뜨는 것이 연예인 패션이다. 많은 사람이 드라마 캐릭터를 따라 하려는 모방 본능이 생긴다. 의류, 패션잡화 등 연예인과 관련된 쇼핑몰 운영자에게는 치명적 유혹이 된다.

예를 들어 SBS에서 인기리에 방영했던 드라마 〈신사의 품격〉의 여러 스틸샷과 케이블 방송국의 연예 보도 스틸샷을 포스팅한 운영자가 있었다. 홍세라 역할로 연기한 윤세아 씨의 다양한 사진을 통해 자신이 판매하는 선글라스 구매를 유도했다. 이러한 포스팅은 효과도 나쁘지 않다. 댓글도 은근히 많이 달리고 윤세아 씨의 트렌드를 좋아하는 사람이라면 구매할 확률도 크다. 그러나 이 블로그는 쇼핑몰 운영자가 생각하지 못한 폭탄이 여기저기에 있다.

우선 저작권이다. 〈신사의 품격〉은 방송국이나 드라마를 제작한 외주제작사의 저작물이다. 그러므로 방송국이나 제작사의 동의가 없이 드라마의 한 부분을 인용하게 되면 저작권 침해가 된다. 개인의 생각이 담긴 비평글이 아

[신사의품격 공항패션] 윤세아 선글라스

오늘의 패션정보 두번째 시간 !! 오새 신사의품격 종영 2회를 남겨두고 런던올림픽때문에 보지못하고 계시죠?
너무 낙심하지마시요 !! 곧 보실수 있으실테니까요 ~ 시청률 24 % 이상을 차지한 SBS 드라마에 있어
신기록을 세우기도 했습니다. 그런 신사의품격 주연배우들은 현재 국내를 떠나 공항에서 만날수 있다고 합니다.

모두들 수고했으니 이제 본격적으로 휴가를 떠나야 하지 않겠어요 ^^ ?

연예인 사진, 드라마 스틸샷 등은 참고 목적이라고 해도 저작권 침해가 된다

니라 대놓고 홍보글이면 더더욱 명백하다. 연예 보도자료 역시 케이블 방송국의 저작물이다. 방송국이나 제작사가 모니터링을 한다면 적발될 확률이 높다. 실제로 지상파 방송국에서 인터넷에 돌아다니는 드라마 스틸샷을 적발하고 블로그글을 차단하는 일이 증가했다. 이는 그나마 얌전한 편에 속한다. 저작권의 책임을 물어 금전적인 합의금을 요구하면 쇼핑몰 운영자는 이에 응할 수밖에 없다. 저작권 침해는 형사처분이 가능하기 때문이다. 실제 이런 일이 벌어지고 있으며 이미지 한두 장 사용하여 100만 원이 넘는 합의금을 요구받는다.

연예인 이름이나 이미지를 사용하는 것도 문제가 된다. 연예인은 유명인이기 때문에 일반인들에 비해 초상권 보호가 약한 편이지만 이들의 얼굴과 이름은 CF에 활용되는 등 재산적 가치가 매우 크다. 따라서 이를 별도의 재

산적 권리로 인정하는데 퍼블리시티권이라고 한다. 퍼블리시티권은 저작권 침해처럼 형사처분을 할 수 없지만 민사소송을 통해 손해배상을 청구할 수 있다. 주로 연예기획사와 법무법인이 공동으로 모니터링하고 퍼블리시티권을 침해한 쇼핑몰 운영자에게 합의금을 요구하고 있다.

이름을 대면 알 만한 연예인의 사례를 예로 들어보겠다. 한 쇼핑몰 운영자는 자신의 쇼핑몰을 홍보하기 위해 유명 연예인의 이미지를 사용했다. 여러 장도 아니고 단 한 장이었다. 하지만 이미지를 쓴 것이 문제가 되어 1천만 원의 합의금을 요구받았다. 형사처분이 될 수 있는 저작권 침해가 이미지 한 장당 60만 원의 합의금을 요구하는 것에 비해 자그마치 30배가 넘는 금액이다. 사정해서 할인(?)을 받는다고 해도 그 금액이 수백만 원이니 연예인 이미지를 가져다 쓸 생각을 아예 하지 말아야 한다. 하지만 이런 사실을 모르는 대부분 쇼핑몰 운영자는 홍보목적을 극대화하기 위해 최대한 많은 이미지를 긁어모은다. 게다가 하나같이 자신은 쇼핑몰 운영자임을 충실하게 밝히고 있다. 그래서 누가 침해했는지 일일이 알아보지 않아도 합의금을 요구하기 너무 편하다. 그러므로 사용하고 싶어도 참아야 한다. 연예인 실명을 쓰기 보다는 드라마나 영화에 나오는 캐릭터명을 사용하는 것이 좋다. 〈신사의 품격〉에 나온 윤세아 씨가 연기한 것이 홍세라 역이라면 윤세아 대신 홍세라를 쓰는 식이다. 이미지가 정 필요하다면 쇼핑몰 운영과 관련 없는 블로그 주소를 링크하거나 보도자료로 올라온 기사 주소를 링크하자. 링크에 앞서 링크에서 다루는 이미지에 대한 간단한 설명을 붙이면 된다. 이 방법이 가장 안전하다.

저작권법에서 드라마나 영화 제목은 저작권으로 보호하지 않는다. 따로 상표로 등록하면 모를까 드라마 이름이나 캐릭터 이름이 상표로 등록되는 사례는 극히 드물다. 그러므로 '〈신사의 품격〉 윤세아 선글라스'보다는 '〈신사의 품격〉 홍세라 선글라스'로 활용하는 것이 좋다. 어떻게 연예인 이름 쓰지 않고 블로그글을 쓰냐고 반문할 수 있지만 효과가 걱정되어 실명 사용을 감행한다면 그저 적발이 안 되기를 바랄 수밖에 없다.

정작 쇼핑몰 운영자가 원하는 소비자도 블로그에는 별 관심이 없다. 대놓고 상업적인 쇼핑몰 홍보 블로그인데 어떤 매력을 느끼겠는가. 게다가 포털 사이트의 자제척인 모니터링에도 걸려 차단될 확률도 높다. 그래서 엔터테인먼트 소식을 실시간으로 정해 트래픽을 꾸준히 유입시키려면 웹진과 같이 해당 소식에 정통한 블로그를 구성해야 한다. 세상 그 어느 잡지도 아무리 많은 돈을 준다고 하여 커버스토리에 대놓고 광고하지 않는다. 잡지를 구성하는 중간에 광고를 삽입한다. 블로그도 마찬가지다. 커버스토리에 콘셉트에 충실한 정보를 올리고 알 듯 모를 듯 쇼핑몰 정보를 은유적으로 표현하거나 암시한다. 절대로 보자 마자 알 수 있는 직감적인 정보를 제공하면 안 된다. 그 순간 상업적 블로그로 판명되고 연예인 사진 가져다 썼다, 드라마 캡처가 문제된다 등 저작권 침해 문제에 휘말리게 된다. 이러한 점이 블로그 관리 기술이고 홍보에 관한 10% UX가 된다. 그러니 쇼핑몰 블로그에 대놓고 쇼핑몰 도메인과 판매하는 상품소개를 하지 말자. 손해본다는 생각이 초반에는 들겠지만 시간이 지나 방문객으로 바글거리는 블로그를 완성하면 지금의 충고가 무엇인지 알게 될 것이다.

04

당신의 정보력과 필력을 신문에 활용하자

블로그글을 계속 포스팅하기 시작하면 당연히 필력이 좋아질 수밖에 없다. 정보력도 좋아지고 온갖 함정을 피해 글을 올리는 눈치도 많이 늘어난다. 한 시간 동안 구성할 글이 20분 만에 뚝딱 나오기도 한다. 이 정도의 실력이 갖추어졌다 싶으면 새롭게 도전할 분야가 있다. 이름을 대면 아는 대형 신문사를 적극 활용하는 것이다.

일단 시간을 투자해야 한다. 다양한 언론사 홈페이지에 방문해 기사를 읽으며 이메일 주소를 파악하거나 신문을 보며 파악하는 방식이다. 그렇게 자신의 카테고리와 맞는 기사를 파악하고 그 기사를 작성한 기자에게 제보할 수 있는 기반을 직접 마련해야 한다.

요즘 150만 원을 주면 보도자료를 내 꾸준히 관리해주겠다는 홍보전화가 많이 오는데 사실 이는 효과가 미미하다. 충실하게 쇼핑몰 관련 보도자료를 준비하는 대행사가 정말 거의 드물다고 보면 된다. 매체 역시 영향력이 별로 없거나 있다고 하더라도 기대만큼의 효과가 없다. 그러니 애꿎은 돈 쓰지 말고 직접 기삿거리를 제보해야 한다.

기자의 흥미를 끌어라

건강식품을 판매하는 쇼핑몰 운영자가 있었다. 비타민이 몸에 좋은 건 누구나 아는 사실이다. 가는 곳마다 몸에 좋으니 약만 사 먹으면 불로초가 따로 없다고 한다. 어디를 가나 불로초 파는 쇼핑몰 투성이니 홍보가 정말 어렵다. 하지만 이 쇼핑몰 운영자는 생각을 달리 했다. '신문을 이용하자.'

쇼핑몰 운영자는 비타민 제품에 사용된 성분에 대해 항상 보내는 방식대로 기자에게 제보를 했다. 그 기자도 항상 받는 제보였지만 그 성분에 대한 제보 내용이 흥미를 끌었는지 기자의 견해를 추가한 기사가 신문에 실렸다. 결과부터 말하면 기사가 나가고 이틀 동안 받은 주문이 1년치를 상회했다고 한다. 갑자기 많은 사람이 홈페이지로 몰리자 쇼핑몰 홈페이지 자체가 다운되는 사태도 벌어졌다. 그 뒤로 비타민 쇼핑몰이 얻은 인지도는 말할 것도 없고 그 기사 하나로 자리도 잡을 수 있었다.

자신의 쇼핑몰에 대한 기사를 제보할 때는 철칙이 있다. 절대로 쇼핑몰을 홍보하려는 내용으로 구성되면 안 된다는 것이다. 그 어떤 기자도 남 좋은 일, 홍보목적의 제보를 받아줄 리 없다. 설령 받아주었다고 해도 기사를 편집하는 데스크에서 거절될 수도 있다. 따라서 일반인들의 호기심을 자극하기에 충분하다고 판단되어 기자의 흥미를 끌 수 있는 제보가 되어야 한다.

국내 주요 일간지 중 한곳에 실린 잼 쇼핑몰 미스터잼www.mrjam.co.kr의 경우를 살펴보자. 다시마잼, 마늘잼, 참외잼 등 시중에서 쉽게 볼 수 없는 종류가 많아 사람들의 호기심을 자극한다. 희소한 잼이다 보니 왜 그 잼이 탄생하게 되었는지 잼 개발자의 스토리도 궁금해진다. 미스터잼은 유통기한은 왜 짧게 잡았으며 어떤 연유로 독특한 잼을 개발하게 되었는지도 알리며 자신만의 잼 레시피도 과감하게 오픈했다. 그렇지 않아도 재미있는 기사 소재가 되는데 어떻게 하면 잼을 만들 수 있는지도 친절하게 설명해주니 기사도 자연히 길어질 수밖에 없다. 이러한 생활정보 제공은 물론 호기심과 재미가 주가 되고 쇼핑몰 소개가 종이 되는 식의 제보라면 채택될 확률이 높다.

자신의 쇼핑몰을 소개하는 기사가 채택되려면 어떤 것에서 사람들의 호

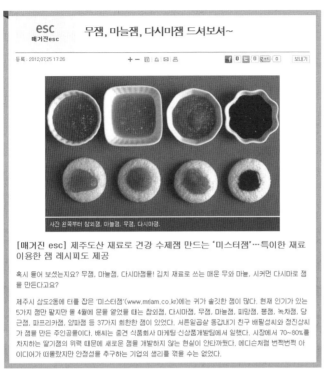

유력지에 실리는 기사는 쇼핑몰 운영자에게 천군만마가 된다
(출처: 한겨레)

기심을 끌 수 있으며 구체적으로 어떤 정보를 줄 수 있는지 고민해야 한다.
이것 역시 자신의 아이템에 대해서 보통 사람의 내공을 넘는 전문가가 아니
면 불가능하다.

　오늘부터 최소 보름 동안은 이름 있는 신문은 죄다 읽어보자. 그리고 기
사에 있는 기자의 이메일 주소를 꼭 확인해두자. 어느 기자가 어떤 기사를
내보내며 내가 판매하는 상품에 관련된 기사는 어느 섹터에서 언제 나오는
지 하나하나 꼼꼼하게 확인하자. 그렇게 기사의 성향과 함께 기자의 관심도

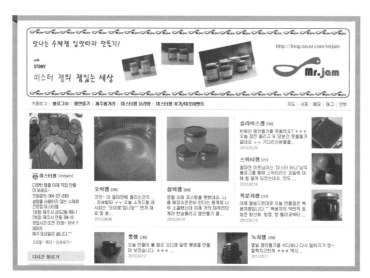

미스터잼은 시중에서 쉽게 찾아볼 수 없는 다양한 종류의 잼을 판매하며 사람들의 호기심을 자극하고 있다

파악했다면 열심히 제보해보자. 당장 채택이 안 된다고 낙심하지 말고 라디오에 신청곡을 주구장창 신청하듯이 제보하는 지구력이 필요하다. 그러면 기자의 관심을 끄는 당신만의 필력이 인정될 날이 올 것이고 돈 들이지 않고도 홍보가 되어 큰 효과를 누릴 수 있을 것이다.

Chapter 6

새로운
UX가 온다

shopping mall
UX

01　레드오션은 전쟁터가 아닌 새로운 기회!

최근 우리의 일상생활을 혁명적으로 바꾸어놓은 손안의 세상이 있다. 휴대폰이 너무 똑똑해서 붙여진 이름, 바로 스마트폰이다. 이전까지 휴대폰 최고의 사양은 작고 가벼우며 통화가 잘되는 것이었다. 그리고 더 이상 적용할 기술이 없어 옵션 기능만 많아졌고 이런 이유로 휴대폰 단가를 올린다는 비판이 있을 정도였다. 프라다, 듀퐁, 조지 알마니 등 프리미엄 휴대폰도 틈새를 뚫기 위한 전략 중 하나였다.

그런데 어느 날 갑자기 나타난 휴대폰이 있다. 바로 애플에서 내놓은 아이폰3이다. 아이폰3가 출시될 당시에는 국내에서 애플의 기반이 전무했다. 매킨토시는 디자이너 사이에서 전설로 불리지만 휴대폰은 아예 다른 시장이었다. 당시 국내 굴지의 전자 회사가 휴대폰 시장을 양분하고 있었으며 통신사 선택도 통화 품질에 있어 2인자라고 인식되었던 KT로 결정해 많은 우려의 목소리가 나왔다. 국내에서 철수한 외국 휴대폰 회사와 별다른 차이가 없

아이폰3는 독특한 디자인으로 많은 사랑을 받았다

을 것이란 전망이 힘을 얻었다. 그러나 애플은 기어코 판도라의 상자를 열었고 까다롭다고 정평이 난 한국의 소비자를 매료시켰다. 어떻게 이런 일이 벌어진 것일까?

애플의 매킨토시는 사용하는 것 자체가 만만치 않았다. 디자인의 혁신으로 알려진 이노베이션의 아이콘이었지만 가격이 비싸고 호환성이 부족해 디자이너가 아닌 일반인들에겐 무용지물이었다. 하지만 애플은 대중에게 디자인 혁명을 이끄는 회사로 각인되었고 한국 소비자들은 직간접적인 사용자 경험을 구축한다. 기능성이 우선되던 전자제품을 디자인을 우선하는 흐름으로 바꾸어 소비로 이끌어내는 것이 애플만의 힘이었다. 아이폰3는 반짝거리는 애플 로고는 물론이고 휴대폰 디자인의 혁명을 이끌어냈다. 소비자들은 기능보다 디자인에 매료되어 불편함과 적지 않은 비용을 감수하며 새로운 10%의 UX를 받아들였다. 인간의 합리적 이성을 감성 소비로 이끌어내는 디자인을 직접 손으로 만지며 맛보게 한 것이다.

■ 오아시스를 찾아라

애플의 UX 디자인은 새로운 제품에서의 디자인 UX에 그치지 않았다. 애플만의 시장을 만들기 위한 또 다른 레드오션 속의 오아시스를 노렸다. 아이폰의 미려한 글라스 안으로 전혀 경험하지 못한 새로운 UX를 제공했다. 바로 사파리Safari와 애플리케이션이다.

국내 소비자에게 인터넷은 마이크로소프트의 텃밭이었다. 통과 의례처럼 항상 설치해야 했던 액티브XActiveX 환경도 그러했다. 하지만 애플의 인터넷 서핑 통로인 사파리는 마이크로소프트의 액티브X를 거부했다. 그래서 국내 인터넷 서핑을 할 때 적지 않은 장애가 발생했다. 이처럼 장애가 있으면 애플 사파리를 사용하지 말아야 했지만 아이폰3 유저는 꾸준히 늘어만 갔다. 화면이 멈추거나 표현되지 않는 웹이라고 해도 휴대폰으로 구현되는 빠른 속도의 인터넷 서핑은 새로운 경험 그 자체였기 때문이다. 휴대폰을 통해 이메일을 실시간으로 체크하고 트위터를 하며 페이스북을 관리했다. 또한 앱스토어를 통해 게임부터 쇼핑, 정보, 뉴스 등 다양한 장르의 콘텐츠를 소비자가 자신의 입맛에 맞는 것을 선택하게끔 했다. 공급자와 소비자가 쌍방향 소통을 하고 소비자의 구색에 맞는 콘텐츠의 맞춤화가 실현된 것이다.

애플은 철저히 사용자 경험을 활용하여 새로운 오아시스를 완성했다. 그리고 그 오아시스는 애플에 새로운 수익과 함께 기존의 시장 파괴라는 유희를 가져다주었다. 하지만 애플은 여기에서 그치지 않고 아이폰의 성공적인 시장 진입을 통해 새로운 UX를 만들었고 그 안에서 또 다른 UX를 제공했다. 즉 아이폰3라고 하면 누구나 아는 그런 환경을 만들어낸 것이다.

애플은 철저히 공급자의 법칙을 만들어냈고 소비자는 아이폰을 통해 만든 새로운 UX를 경험하고 있었다. 애플리케이션을 통해 무궁한 부가가치가 창출되기 시작하고 새로운 콘텐츠 개발자들이 끊임없이 태어나고 있던 와중에 통화 기능이 없고 사진촬영 기능도 없는 이상한 친구가 태어난다. 바로 아이패드이다. 스티브 잡스는 아이패드를 공개하면서 소파에 앉아 손가락으로 터치하는 새로운 호기심거리를 소비자에게 선사했다. 이는 기존의 노트북과는 달리 키보드마저 상실된 벽돌패드 그 자체였다. 기능은 노트북이 우수했지만 아이패드는 새로운 시장을 만들어냈다. 그것이 가능했던 이유는 무엇일까?

전 세계적으로 열광적인 반응을 얻은 아이패드

　　바로 UX 타이밍이 절묘했던 것이다. 소비자가 이미 경험한 노트북의 사용자 경험과 아이폰3의 사용자 경험을 융합하여 또 다른 UX를 선사했다. 그리고 소비자들은 그 호기심에 지갑을 열었다. 파급력은 대단했다. 국내 굴지의 언론사, 포털 사이트, 종합 쇼핑몰, 콘텐츠사 등 애플의 환경에 맞는 애플리케이션을 앞다투어 내놓기 시작했다. 아이폰3로 애플리케이션 마켓의 가능성을 열었다면 아이패드를 통해 활용성의 저변을 넓힌 것이다.

　　이렇게 애플의 UX는 우리의 생활을 송두리째 바꾸었다. 이러한 UX의 혁명은 사용자 경험이 충분히 녹아든 레드오션이 존재하지 않았더라면 불가능했을 것이다. 아이폰3가 국내에 진입하기 전 시장을 양분하던 삼성과 LG전자는 애플의 강력한 UX 한 방으로 전혀 새로운 미래를 맞이하게 된다. 스마트폰의 혁명은 쇼핑몰 운영자에게 새로운 기회이다. 스마트폰을 활용한 인터넷 서핑은 이미 사용자 경험을 구축했다. 지금까지 경험하지 못한 새로운 시장이 태어났다.

지금까지의 전자상거래를 뒤바꿀 모바일커머스

2011년 3월 어느 기사에서는 2011년 내에 스마트폰의 보급 수가 2천만 대를 돌파할 것이라는 내용이 실렸다. 당시에는 이 기사를 믿기 어려웠지만 7월이 되니 스마트폰 보급 수가 1천만 대를 넘어섰다는 기사를 접했다. 폭발적인 증가였다. 카카오톡이 연일 새로운 이슈를 양산하고 있었고 아이들 사이에서는 모바일 게임인 〈앵그리버드〉가 선풍적인 인기를 끌었다. 애플리케이션에 대한 수많은 기사는 물론이며 소셜커머스의 폭발적인 성장으로 인한 부작용에 대한 보도도 연일 이어졌다. 그리고 정확히 4개월 뒤인 2011년 11월 스마트폰의 보급 수는 2천만 대를 돌파했다. 애플의 iOS와 이에 대항하는 안드로이드 진영의 성장도 눈에 띄었으며 애플리케이션도 양쪽 환경에 맞춰 보급했다. 불가능하게만 보이던 방송통신위원회의 규제도 완화되어 스마트폰을 활용한 뱅킹 서비스나 결제 시스템도 하나둘씩 개발되기 시작했다.

스마트폰의 보급은 쇼핑몰 운영자에게 어떠한 미래를 제공할까? 어떤 방식으로 새로운 UX를 창출하여 소비자의 지갑을 더욱 자주 열게 할까? 이를 위해서는 기존 UX가 변화한 추이를 관찰할 필요가 있다.

전자상거래의 성장과 발전

현재 유선 인터넷의 보급 수는 약 4500만 대를 넘어섰다. 이 유선 인터넷을 통해 스타일난다, 멋남, 안나키즈, 아우라제이 등 매출 100~400억 원대를 상회하는 쇼핑몰들이 태어났고 여전히 성장가도를 달리고 있다.

유선 인터넷은 전자상거래의 발전을 가져왔다

초기 쇼핑몰은 데스크톱 컴퓨터에 결제 시스템 프로그램을 설치하고 구매하고자 하는 물품이 있으면 쇼핑몰에서 구매하거나 오픈마켓에서 구매하는 것이었다. 아니면 동호회에서 무통장 입금 방식의 공동구매를 활용하기도 했다. 즉 고정된 자리에서 마음먹고 앉아 쇼핑하던 시절이다. 하지만 택배 시스템이 전자상거래의 팽창과 더불어 동반성장하면서 Door to Door, Home to Home 등 익일배송이 가능해지자 전자상거래는 전국에 골고루 매출이 발생하게 되어 지역의 경계가 허물어졌다.

유선 인터넷을 기반으로 한 전자상거래 시장, 즉 소비자를 대상으로 하는 B2C^{Business to Consumer}(기업과 소비자 간에 이루어지는 전자상거래)시장은 재빠르게 규모화가 이루어졌으며 이를 양분한 것이 오픈마켓과 독립 쇼핑몰이다. 처음에는 오픈마켓의 성장이 두드러졌다. 자본력이 희소한 개인 판매자를 대거 흡수하면서 성장한 것이다. 오픈마켓에서 성장한 개인 판매자는 독립 쇼핑몰로 이동하기 시작했고 이에 따른 쇼핑몰 구축 솔루션 회사들의 성장도 두드러지기 시작했다. 카페24와 메이크샵 등이 여기에 해당한다. 이 두 회사는 현재 쇼핑몰 솔루션 시장을 양분하고 있으며 쇼핑몰계의 삼성과 LG 라고 할 수 있다. 공급자가 대기업에서 개인에 이르기까지 다양해지면서 쇼 핑몰 운영자를 대상으로 하는 거대한 시장이 발현되었는데 오버추어로 시작 된 포털 사이트에서의 키워드 광고다. 대형 포털 사이트에서 제공하는 키워 드 광고는 적은 비용으로 검색 키워드를 선택할 수 있는 새로운 UX를 선사 했다. 자연히 키워드 광고를 선점하는 초기의 쇼핑몰 운영자가 괄목할 만한 성장을 이룬 것은 말할 것도 없다.

사실 포털 사이트와 독립 쇼핑몰의 연계는 야후가 먼저였다. SOHO^{Small Office Home Office}(작은 곳이나 가정을 사무실로 이용하는 사업) 쇼핑을 통해 개인 쇼핑몰 운영자와 야후의 트래픽을 서로 공유하는 시스템을 운영 중이었지만 이 시장이 소비 채널이 다양해짐에 따라 다른 포털 사이트로 전이됐다.

하드웨어의 변화도 있었다. 유선 인터넷을 기반으로 데스크톱 컴퓨터에 서 공급과 소비가 이루어지던 것을 탈피하여 공간의 제약 없이 구매빈도를 증가시킨 환경이 나타났다. 인터넷 활용을 위주로 하는 넷북이 출현한 것이 다. 넷북은 매우 성공적인 UX의 결과물이었다. 이동성이 주된 기능인 노트 북은 휴대성이라는 장점을 내세웠지만 부담스러운 크기와 무게로 인해 들고 다니기에는 피곤했다. 그러나 넷북은 인터넷 활용을 주 목적으로 하여 이동 성을 최대한 보장하였으며 가벼운 기능을 우선적으로 제공했다. 소비자에게 는 이 자체가 새로운 UX였다. 게다가 때마침 넷북 활용에 필수인 와이파이 도 급속도록 퍼지고 있었다.

넷북 시장의 성장률이 600%를 상회하자 유수의 전자 기업들은 넷북의 시

넷북은 인터넷 접속의 영역을 넓혔다

대가 왔다며 연구 인력을 대거 넷북 파트로 투입하기도 했다. 이렇게 넷북시
장이 커지자 덩달아 와이파이 서비스를 제공하는 커피 전문점, 레스토랑 등
서비스 업체도 증가했다. 넷북 사용자는 자연스럽게 와이파이 서비스가 제
공되는 곳을 찾았으며 커피 한잔과 인터넷 서핑이라는 또 다른 UX를 경험
하게 된다. 처음에는 인터넷 서핑이 주를 이루었지만 자연스럽게 쇼핑에도
집중하기 시작했다. 이는 USB를 활용한 전자결제가 존재했기에 가능했다.

　이전까지의 집이나 사무실에서 구매하던 쇼핑 패턴에서 들고 다니며 소
비하는 새로운 패턴으로 바뀌었고, 자신만의 넷북이라는 점에서 데스크톱에
비해 보안성에 대한 부담도 없었다. 가정에서도 넷북은 성공적으로 활용되
었다. 식탁, 마루, 침대 등 장소를 가리지 않고 인터넷 전화를 이용한 와이파
이 서비스는 공간의 제약을 없애주었다. TV를 보면서 인터넷을 볼 수 있고
밥을 먹으면서도 쇼핑을 할 정도였다. 당연히 쇼핑의 빈도도 늘어났다. 온라

인 구매의 편리를 넷북의 인터넷을 통해 소비자가 경험하기 시작한 것이다.

하지만 노트북을 보완할 새로운 UX시장이라고 예견되었던 넷북은 이보다 더욱 작고 이동성에서 무한한 가능성을 보여준 스마트폰에 시장을 내주고 만다.

■ 스마트폰으로 즐기는 쇼핑

아이폰3를 출시할 때는 이미 다수의 소비자가 무선 인터넷을 경험하고 있었다. 무선으로도 인터넷을 얼마든지 접속할 수 있다는 것을 알게 된 것이다. 이 덕분에 스마트폰 보유자는 2012년 2월 기준으로 2500만 대에 근접했다. 유선 인터넷 가입자의 절반 이상을 상회하는 숫자다.

이는 LTE 서비스 보급으로 인해 더욱 빨라지고 있다. 속도가 빨라질수록 사용 인구도 늘어 조만간 스마트폰 유저가 3800만 명을 돌파할 것이라는 예측이 나오고 있다. 3800만 명의 새로운 시장을 내버려둘 기업들이 아니다. 무선 인터넷 기술은 계속 발전될 것이고 스마트 디바이스도 이를 뒤따를 것이다. 지금의 무선 인터넷은 예전의 하이텔, 천리안과 같은 초기 단계일 뿐이다.

그동안 통신사들도 미래에 대한 대비로 분주했다. 특히 국내의 양대 통신사인 SK텔레콤과 KT의 카드 사업 진출은 세간의 이목을 끌었다. SK텔레콤은 하나카드의 지분을 인수했고 KT는 BC카드의 지분을 인수했다. 통신 회사가 카드 회사 지분을 인수한 이유는 무엇일까?

이유는 간단하다. 스마트폰을 활용한 결제 시장의 대비 때문이다. 3800만 명이 창출할 모바일커머스를 철저히 준비하고 있다는 반증이다.

11번가는 히든카드로 모바일커머스를 내세우고 있다
(출처: 연합뉴스)

　　그중에서 SK텔레콤은 더욱 차별화된 시장을 마련하고 있다. 현재 11번가
는 분사를 거쳐 SK플래닛 아래에 있지만 원래는 SK텔레콤이 전략적으로 육
성한 오픈마켓이다. 현재 옥션과 G마켓을 바짝 추격하고 있으며 머지않아
순위의 지각변동이 일어날 것으로 예상된다.

　　2011년 11월 11번가의 모바일 쇼핑 월 거래액은 140억 원이었는데 반년
도 되지 않아 월 거래액이 200억 원을 돌파했다. 약 50%에 육박하는 성장
률이다. 옥션, G마켓의 아성이 아직 견고하지만 모바일커머스가 본격적으
로 도래하면 상황이 뒤바뀔 것으로 예상한다. 모기업이나 다름없는 SK텔레
콤은 국내 최대 통신가입자를 보유하고 있다. 결제 수수료를 담당할 SK하나

통신 기술과 스마트폰 기술이 융합된 모바일 쇼핑

카드도 든든한 혈맹이다. 각종 할인 혜택 등 화끈한 전략적 제휴가 얼마든지 가능한 관계다. 이러한 맹공격 때문인지 오픈마켓의 모바일커머스는 11번가가 독보적인 1위를 차지하고 있다. 통신 분야는 주 전공이므로 이 순위가 뒤집히기는 어려울 듯하다. 2013년 1월 11번가 애플리케이션의 다운로드 수는 1500만을 기록했다. 애플리케이션을 다운로드받는 이는 구매목적이 있다고 봐야 하니 중복 다운로드 수를 제외한다고 해도 무시하지 못할 소비자군을 구축하고 있다.

판매자와 소비자 시장의 매출액 중 60%는 오픈마켓이 차지한다. 그럼 나머지 40%는 누가 점유할까? 스타일난다, 아보키, 몇남, 난닝구 등 개인 쇼핑몰이 차지한다. 현재 다수의 개인 쇼핑몰은 카페24, 메이크샵, 고도몰 등에서 쇼핑몰 솔루션 서비스를 이용한다. 오픈마켓이 제공하는 서비스를 쇼핑몰 솔루션 회사가 제공하지 않을 수 없는 이유는 매출을 통해 얻는 수수료 수익을 무시하지 못하기 때문이다. 게다가 3800만 명의 신규 시장을 놓칠 수 없으니 대세를 따라야 한다.

모바일 쇼핑 경험자, 이렇게 많았다니..

스마트폰 사용자 2000만 시대를 맞아 모바일 쇼핑 시장 또한 활기를 띨 조짐을 보이고 있다.

대한상공회의소가 스마트폰 사용자 1000여명을 대상으로 '스마트폰을 이용한 모바일 쇼핑 실태'를 조사한 결과 7명 중 1명인 13.9%의 응답자가 "모바일을 통해 상품을 직접 구매해 본 적이 있다"고 답했다.

직접 결제를 하지 않더라도 스마트폰으로 상품을 검색 한 후 구매한 경험이 있다고 한 응답자도 43.9%나 됐으며 그 중 오픈마켓 어플리케이션(이하 앱)이나 소셜커머스앱 등 스마트폰을 통해 결제까지 마친 '모바일 쇼핑 경험자'는 31.6%에 달했다.

또 이 중 76.3%는 "향후에도 모바일을 통해 계속해서 쇼핑할 의향이 있다"고 답했으며 모바일 쇼핑 경험이 없다고 답한 응답자 중 42.9%도 "향후 구매할 의향이 있다"고 답했다.

대한상의는 "최근 스마트폰 사용이 일상화되고 데이터 이용료가 저렴해지면서 모바일 쇼핑에 대한 거부감이 줄었다"면서 "쇼핑 화면 및 검색 기능이 향상된 쇼핑앱이 등장하는 등 고객편의성이 향상된 것도 큰 몫을 했다"고 풀이했다.

모바일에서 가장 인기 있는 품목은 영화, 연극 등 공연(39.4%)이었으며, 이어 가격비교가 쉽고 품질 차이가 크지 않은 의류(36.5%), 도서(25.5%) 등이 차지했다.

모바일 쇼핑 결제금액은 5만원 이하(69.8%)가 가장 많았으며, 5~10만원(19.6%), 10만원 이상(10.6%) 순이었다.

스마트폰 사용자의 59.2%는 쇼핑관련 정보를 사전에 검색해 본 경험이 있었다.

가장 많이 검색한 정보는 가격비교(69.9%)였으며 매장정보(47.2%), 할인정보(42.2%), 구매후기(27.2%), 배송상태(23.2%), 멤버쉽정보(21.4%) 순을 보였다.

스마트폰 사용자들은 모바일 쇼핑 활성화를 위한 과제로 보안 인프라 강화(68.3%), 전자결제 확대(53.9%), 모바일 전용화면 개발(45.0%), 쇼핑관련 앱 확대(42.5%), 판매상품 확대(22.3%) 등을 꼽았다.

대한상의 김무영 유통물류진흥원장은 "스마트폰 사용자가 크게 늘면서 모바일 쇼핑도 본격적인 도입기로 접어들었다"면서 "모바일커머스 환경이 빠르게 변하고 있는 만큼 기업들도 경쟁에서 뒤쳐지지 않도록 차별화된 모바일 쇼핑전략을 준비해야 할 시점"이라고 강조했다.

전화결제산업협회 원석민 팀장은 "스마트폰 보급이 급속도로 늘어남에 따른 무제한 요금제 이용과 용이해진 모바일 웹환경이 이용자의 쇼핑을 증가시킨 요인이 되고 있다"며 "여기에 바코드를 이용한 결제 수단이 등장함에 따라 모바일을 이용한 다양한 결제 수단이 오프라인 시장까지 확대돼 보급될 것"이라고 전했다.

엄민우, 모바일 쇼핑 경험자, 이렇게 많았다니…, 『파이낸셜뉴스』, 2011.

소비자도 변하고 있다. 스마트폰을 사용하며 자신도 모르게 모바일커머스를 접하고 있고 실제 돈을 쓰고 있다. 1년도 훌쩍 넘은 지금, 2011년 11월에 『파이낸셜뉴스』를 통해 보도된 기사를 참고해보자. 기사를 보면 여지없이 쇼핑몰 영역에 대한 소비자의 요구사항이 눈에 띈다. 이미 쇼핑몰의 주요 판매품목인 의류도 주 소비품목으로 포진해 있고 모바일 전용의 애플리케이션도 요구하고 있으며 원활한 구매를 위한 다양한 툴도 필요로 하고 있다.

모바일 결제는 다양한 정보를 재빠르게 흡수하는 20~30대가 주축이 되므로 쇼핑몰 소비자와도 겹치는 부분이다. 또한 일반 신용카드의 전자결제에 비해 간편하고 편리해 스마트폰을 활용한 결제율이 가파르게 증가할 것이란 예상이 많다. 결제가 수월하면 증가하는 결제만큼 모바일 쇼핑의 빈도도 늘어날 것이다. 또한 개인 쇼핑몰의 대다수 품목이 5~10만 원 미만의 품목이기 때문에 모바일커머스로의 진입은 성공적일 것으로 예측할 수 있다. 스마트폰으로 당신의 쇼핑몰을 접속할 고객이 PC로 접속할 사람의 수를 넘길 날이 바로 눈앞으로 다가오고 있다.

03 모바일커머스의 교두보, 모바일 웹

우리에게 새로이 펼쳐질 모바일커머스. 선점하는 자에게 그만큼 성공이 따르는 것은 분명하다. 우선 스마트폰의 인터넷 접속 환경에 대해 간단히 알아보자. 스마트폰은 크게 애플의 iOS와 안드로이드 OS로 양분되어 있다. 아이폰, 아이패드는 사파리를 통해 인터넷을 접속하고 갤럭시S 시리즈, 갤럭시탭은 안드로이드 OS 기반으로 인터넷에 접속한다. 대개 스마트폰은 자체

OS를 활용하지만 드물게 모델과 제조사에 따라 심비안^{Symbian}, 오페라^{Opera} OS를 사용하기도 한다.

불과 몇 년 전까지만 해도 일부 얼리어답터를 제외하고는 데스크톱의 인터넷 접속은 마이크로소프트의 인터넷 익스플로러가 대세였다. 컴퓨터를 사면 당연히 윈도우를 설치한다는 생각을 했고 번들^{Bundle}로 지원되는 인터넷 익스플로러로 접속하는 게 당연했다. 하지만 아이폰이 국내에 성공적으로 안착하면서 대중의 관심은 사파리를 필두로 파이어폭스, 크롬 등으로 이어졌다. 그래도 그동안의 습관은 여전하여 10명 중 7~8명은 인터넷 익스플로러를 통해 인터넷에 접속한다.

그러나 스마트폰은 상황이 전혀 다르다. 스마트폰으로 접속하는 무선 인터넷은 데스크톱에서 접속하는 것과는 구조가 판이하게 다르다. PC에서 보는 홈페이지는 스마트폰으로 서핑하기에는 무겁다. 글씨도 작아지고 로딩 속도도 더디다. 게다가 화면이 깨지는 경우도 은근히 많다. 음악 블로그에 접속해 음악을 듣고 싶어도 들리지 않고 이메일에 첨부된 파일을 읽을 수 없는 경우도 종종 발생한다. 그래서 모바일 웹은 정보량이 많은 PC용 인터넷 데이터를 스마트폰용으로 데이터의 무게를 가볍게 한 것이다. 반드시 필요한 것만 보여주니 빨라서 좋지만 그만큼 생략되는 데이터도 많다.

현재 스마트폰으로 접속하는 포털 사이트, 대형 쇼핑몰, 언론사 등의 인터넷 창은 대부분 모바일 웹이라고 생각하면 된다. 이것을 알 수 있는 방법은 스마트폰으로 인터넷에 접속하여 화면에 하단에 있는 [PC버전]을 보면 된다.

이렇게 되면 고민이 생길 것이다. 쇼핑몰을 오픈하려고 하는데 별도로 애플리케이션을 개발해야 하는 것인지 아니면 모바일 버전으로 쇼핑몰을 또 구축해야 하는 것인지 말이다. 별도의 쇼핑몰 전용 애플리케이션을 구축하는 것은 시간과 돈을 낭비하는 것이라고 생각한다. 왜냐하면 이미 카페24, 메이크샵 등의 쇼핑몰 솔루션 제공사가 모바일 웹 연동 서비스를 제공하고 있기 때문이다. 그리고 그 연동이 간편하여 내 쇼핑몰이 모바일 웹으로도 변환되어 나오는 것을 확인할 수 있다.

현재 모바일 쇼핑의 미래는 어둡다는 의견도 있다. 우선 애플리케이션을 다운받아야 하고 상품 디스플레이가 많은 쇼핑몰 디자인의 특성상 스마트폰의 작은 액정으로는 집중하기 어려운 점을 그 이유로 꼽는다.

네이버 앱을 통해 '여성의류'를 검색하면 유료 광고이긴 하지만 쇼핑몰 검색결과가 최상위에 나온다. 하지만 네이버 앱에서 PC 버전으로 전환한 뒤

'여성의류'를 네이버 모바일 버전(좌)과 PC 버전(우)에서 검색했을 때의 결과가 다른 것을 확인할 수 있다

'여성의류'를 검색하면 전혀 다른 검색결과가 나온다.

이것이 바로 애플리케이션과 PC 버전의 차이다. 같은 인터넷 접속이지만 스마트폰의 검색결과는 PC와 다른 점이 많다. 군이 PC 버전으로 접속하지 않는 한 네이버 앱을 다운받은 이들은 PC 버전과는 다른 검색결과를 접할 것이다. 포털 앱을 다운받는 스마트폰 사용자가 꾸준히 증가하고 있는 것을 감안할 때 향후 데스크톱 인터넷과 모바일 웹은 서로의 영역을 확실히 구분 지을 것이다.

■ 모바일을 선점하라

이제는 모바일 키워드 광고를 어떻게 선점하느냐에 따라 쇼핑몰 운영도 달라질 것이다. 인기 키워드는 모바일 키워드 광고에서도 비싼 몸이지만 연관 키워드나 틈새 키워드 등은 아직 활용도가 높지 않다. 누가 먼저 선점하느냐가 관건이다.

그러나 새로운 가능성이 농후한 모바일 웹은 쇼핑몰 운영자의 입장에서 보면 달갑지 않은 일이다. 그렇지 않아도 포털 사이트의 광고비가 부담인데 모바일 광고비까지 신경 써야 하기 때문이다. 효과 있는 모바일 광고를 빨리 추리는 방법만이 광고 효과 및 비용 절감의 교두보가 된다.

모바일 쇼핑은 아직 개척 단계이기 때문에 우려의 목소리가 많지만 선점을 위해 뛰어다니는 쇼핑몰 운영자가 늘어나고 있다. 지금은 초반이라서 여러 시행착오가 있지만 모바일커머스가 본격적으로 태동하면 모바일 쇼핑도 상당히 경쟁력 있는 시장이 될 것이다.

이제 쇼핑몰 운영자는 PC에서 자신의 쇼핑몰이 잘 열리는지 확인하는 것

쇼핑몰의 모바일 버전이 깔끔하게 정리되어 있는 여성의류 쇼핑몰 더후추

외에도 모바일 웹으로도 아무 이상 없이 열리는지 꼭 확인해야 한다. 그만큼 쇼핑몰 웹디자이너의 역량이 중요해진 것이다. PC 버전의 미려한 디자인은 물론이고 모바일 웹의 연동까지 깊숙이 이해한 디자이너를 선택해야 한다.

현재 모바일 쇼핑 연동 서비스를 안정적으로 제공하는 쇼핑몰 솔루션 업체는 크게 두 곳이 있다. 바로 카페24와 메이크샵이다. 카페24는 무료로 솔루션이 제공되고 메이크샵은 유료로 솔루션이 제공된다. 무료이기 때문에 서비스가 엉망이고 유료라서 타고난 서비스가 제공되는 것은 아니므로 각각 장단점을 파악해 자신에게 맞는 곳을 선택하면 된다.

연동이 간편한 만큼 쇼핑몰 운영자가 확인해야 하는 것도 그만큼 늘어난다. 쇼핑몰 디자인 및 상품의 배열은 쇼핑몰 운영자의 취향과 성격, 그리고 마케팅 전략에 따라 백인백색이다. 그러므로 쇼핑몰 솔루션을 제공하는 회사에서 백인백색의 디자인과 상품구성에 맞춰 연동해준다고 생각하면 큰 오산이다. 내 쇼핑몰이 구축된 후 스마트폰 액정이 지워질 정도로 끊임없이 들어가 제대로 구현되고 있는지 확인해야 한다는 의미다. 아주 다양한 부분에서 모바일 버전은 오류가 발생한다. 귀찮더라도 앞으로의 무한한 잠재 시장을 선점하려면 일일이 체크해야 한다.

모바일 웹으로 쇼핑몰이 잘 구현되고 있는지 아이폰과 안드로이드폰 모두 사용해 확인하자. PC 버전에서 지원되는 적립금이나 사은 이벤트 등도 별일 없이 잘 노출되는지도 확인한다. 상품의 배열이 빠지는 부분은 없는지, 활용하지 않는 상품 메뉴가 노출되어 하얀색으로만 나타나지는 않는지도 확인해야 한다. 또한 회원가입은 용이하게 진행되고 결제도 원활한지 테스트해보자.

상품 이미지도 마찬가지다. 5인치가 넘는 스마트폰이 출시되고 있지만 노트북에 비해 작은 화면으로 보는 것이다. 그렇기 때문에 고사리처럼 작은 손으로 터치해야 할 정도로 이미지가 답답하게 나오면 곤란하다. 상품을 클릭하여 상세설명을 볼 때도 한번에 보기 좋게 화면에 나타나는지 아니면 이미지를 너무 통으로만 편집해 로딩 속도가 늦지는 않은지 확인해야 한다. 손가락으로 상품을 하나하나 터치하며 확대나 축소는 용이한지 쇼핑몰 서핑을 위한 화면 전환도 일정한 속도로 잘 전환되는지 확인하라. 상품 이미지 밑에 있는 상품명도 생략되어 도중에 잘리는 것은 아닌지, 간결하게 표현되는지 등도 봐야 한다. 이처럼 구석구석 이 잡듯이 해야만 소비자에게 제대로 된 편의를 제공할 수 있다.

사실 굉장히 번거로운 일이며 상당한 에너지를 필요로 한다. 도중에 포기

더후추의 모바일 버전은 스마트폰에서 확대, 축소를 해 상품의 상세설명을 봐도 전혀 깨지지 않는다

하지 말고 스마트폰 사용자가 쇼핑몰 접속을 모바일 웹으로도 한다는 점을 잊지 말자. 이동하며 쇼핑몰을 접속하는 모바일 웹이 대세가 되고 전문영역화되고 있는 지금 고지식하게 PC 버전만 고집하면 외딴섬 오두막이 될 수 있다. 모바일 웹은 아직 시작 단계다. 모바일 웹으로 보이는 내 쇼핑몰이 완벽하지 못하다고 너무 스트레스 받지 않아도 된다.

■ 쇼핑몰의 운명이 바뀌고 있다

지금처럼 모바일 웹이 널리 활용되기 전에도 일부 쇼핑몰에서는 과감하게 쇼핑몰 전용의 애플리케이션을 개발했다. 쇼핑몰 스타일난다 애플리케이션은 아이패드 1세대가 출시되기 전부터 있었으니 상당히 빠른 편이었다. 하지만 기대 이상의 성과는 거두지 못했다. 실패 원인을 살펴보자.

스마트폰 사용자는 2010년 6월 250만 명, 아이패드 1세대가 국내에 출시되던 2010년 12월에는 722만 명 정도였다. 지금은 LTE 서비스와 쿼드 코어 Quad core(인간의 두뇌에 해당하는 프로세서가 4개 탑재한 제품. 프로세서 숫자가 많을수록 데이터 처리 속도가 빠르다)까지 탑재한 스마트폰이 나왔지만 불과 2년 전만 해도 스마트폰의 모바일 웹 접속 속도는 답답했다. 그러다 보니 상대적으로 구동이 빠른 애플리케이션을 선호했고 게임이나 정보 검색 위주로 사용할 뿐이었다.

이 중에서 특히 쇼핑몰 애플리케이션은 걸림돌이 많았다. 우선 쇼핑몰 전용 애플리케이션을 개발하려면 적지 않은 돈이 들었고 사람들이 특정 쇼핑몰 애플리케이션을 다운받을 만한 동기 부여도 없었다. 게다가 이미지 로딩도 오래 걸리고 결제를 하는 것에도 제약이 많아 구매하기도 어려웠다. 시작은 애플리케이션으로 하지만 제품의 상세설명을 보려면 결국 PC 화면으로 이어지게 되는 구조도 문제였다. 그렇게 쇼핑몰 애플리케이션은 효과가 미진했다. 이때만 해도 이런 상황을 타진할 대안이 없어보였다.

그러나 현재는 상황이 많이 바뀌었다. 듀얼 코어Dual core도 모자라 요즘 스

여성 쇼핑몰 스타일난다의 모바일 버전은 기대만큼의 성과를 거두지 못했다

마트폰은 쿼드 코어다. 휴대폰 속에 데이터 연산을 하는 CPU가 4개가 되니 손안의 컴퓨터라고 할 수 있을 정도다. 포털 사이트, 오픈마켓, 홈쇼핑 등 웬만한 인터넷 사이트는 별도의 모바일 웹 서비스를 제공하고 있다. 개인 쇼핑몰 솔루션을 제공하는 카페24와 메이크샵도 모바일 웹 연동 서비스를 제공한다. 쇼핑몰 운영자가 따로 애플리케이션을 개발하지 않아도 되며 연동만 하면 소비자가 자신의 쇼핑몰을 모바일 웹으로 접속하게 할 수 있다.

게다가 스마트폰 화면도 계속 커지고 있다. 출시 당시 액정이 크다고 홍보하던 아이폰3는 지금 보면 답답할 정도다. 현재는 모바일 검색이 시원한 갤럭시 노트 같은 '손바닥'만한 크기의 스마트폰이 인기가 있다. 기능은 물론 화면이 크기 때문에 선호하는 것이고 이는 모바일 웹과 밀접한 관련이 있다. 스마트폰의 고기능화+통신 속도의 발달+모바일 웹 확대의 3박자가 잘 맞아 떨어진다.

모바일 웹은 포털 사이트의 체질까지도 바꾸고 있다. 스마트폰 보급 수는 2012년 3천만 대를 넘겼고 데스크톱 인터넷의 최선봉인 네이버도 '모바일 서비스'에 사운을 걸겠다고 할 정도다. 모바일 웹은 대세가 될 수밖에 없다. 그렇기 때문에 정보 소비는 물론이고 상품 소비의 주축이 스마트폰을 통해 이루어진다면 쇼핑몰 역시 새로운 전환점을 맞이할 것이다.

현재 자신의 쇼핑몰을 모바일 웹으로 연동시킨 곳은 많지 않다. 설령 이어져 있다고 해도 깨져서 나오거나 PC 위주의 구성이 대부분이다. 이를 뒤집어보면 모바일 웹을 통해 새로운 쇼핑몰 UX를 만들 수 있는 기회가 된다는 소리다.

할 것이 많다고 두려워하지 말자. 그만큼 시장이 성장하고 있다고 생각하

쇼핑몰의 모바일 웹은 유명 쇼핑몰의 차별화 강화의 기회가, 신규 쇼핑몰은 새로운 기회가 될 수 있다
(출처: 안나키즈)

면 된다. 현재 시장이 포화되었다고 많은 사람이 아우성을 치고 있지만 거래 규모는 꾸준히 증가하고 있다는 것을 명심하자. 계속 두 자리대 성장률이다. 2011년 국내 전자상거래의 전체 규모는 999~1천조 원이다. 이 중에서 B2C 규모는 2010년 약 25조 원에서 2011년 약 29조 원으로 성장했다.

물론 모바일커머스는 아직 걸음마 단계이다. 하지만 앞으로 폭발적인 성장이 예상되는 잠재 시장으로 봐야 한다. 휴대폰 소액결제 시장 규모가 2011년 2조 5천억 원이었던 것을 생각해보면 앞으로 어떻게 될지 충분히 예상할 수 있을 것이다. 지금도 스마트폰은 신규 가입자가 꾸준히 늘고 있는데 3800만 명 정도가 되면 모바일커머스 시장의 실질적인 수요가 정점을 향해 성장할 것으로 예상된다.

새로운 시장은 무조건 선점하는 이가 승리한다. 특히 쇼핑몰은 속도전이라는 점에서 더더욱 그렇다. 특히 모바일커머스의 근간이 되는 모바일 웹은 접속하는 빈도 수가 꾸준하고 접속 시간대가 일정해 유선 인터넷과 달리 사용자 패턴이 정해져 있다. 쇼핑몰 운영 노하우는 탄광을 깊숙이 파고 들어가 금을 채굴하는 것이 아니다. 내 쇼핑몰의 모바일 웹 접속이 원활히 되고 보기 편하게 연구하는 과정 그 자체가 성공의 열쇠가 된다.

쇼핑몰 UX

초판 1쇄 발행 | 2013년 3월 4일

지 은 이 | 김태영
펴 낸 이 | 이은성
펴 낸 곳 | *e*비즈북스
편　　집 | 김은미
디 자 인 | 이재윤

주　　소 | 서울 동작구 상도2동 184-21번지 2층
전　　화 | (02)883-9774
팩　　스 | (02)883-3496
E-mail | ebizbooks@hanmail.net
등록번호 | 제379-2006-000010호

ISBN 978-89-98045-13-5 13320

*e*비즈북스는 푸른커뮤니케이션의 출판브랜드입니다.